Dança

Um caminho para a totalidade

Dança

Um caminho para a totalidade

Bernhard Wosien

Desenhos e ilustrações: Bernhard Wosien
Organização: Maria-Gabriele Wosien

Tradução: Maria Leonor Rodenbach
e Raphael de Haro Júnior

Centro de Estudos Marina e Martin Harvey
Editorial e Comercial Ltda
4ª edição - reimpressão
São Paulo - 2019

Título original
Der Weg des Tänzers – Selbsterfahrung durch Bewegung

© Maria-Gabriele Wosien
1ª edição, 1988, Editora Veritas, Linz, Austria
2ª edição, G. Reichel Verlag, Weilersbach, Alemanha

Direitos para a língua portuguesa reservados a
TRIOM – Centro de Estudos Marina e Martin Harvey Editorial e Comercial Ltda.

editora@triom.com.br / www.triom.com.br

Desenhos e ilustrações de Bernhard Wosien

Organização dos originais: Maria-Gabriele Wosien
Tradução: Maria Leonor Rodenbach e Raphael de Haro Júnior
Revisão: Renata Carvalho Lima Ramos e Ruth Cunha Cintra
Revisão gráfica: Adriana C. L. da Cunha Cintra
Capa e Projeto Gráfico: Ricardo Caco Ramos
Diagramação e fotolitos: Casa de Tipos Bureau e Editora Ltda.

Dados Internacionais de Catalogação na Publicação (CIP)
(Câmara Brasileira do Livro, SP)

Wosien, Bernhard

    Dança: um caminho para a totalidade / Bernhard Wosien; edição Maria-Gabriele Wosien; tradução Maria Leonor Rodenbach, Raphael de Haro Junior. — São Paulo: TRIOM, 2000.

    Título original: Der Weg des Tänzers.
    ISBN 85-85464-35-6

    1. Coreográfos - Biografia 2. Dança 3. Dançarinos - Biografia
    4. Wosien, Bernhard I. Wosien, Maria-Gabriele. II. Título

00-0876   CDD-792.8092

Índice para catálogo sistemático:

1. Dançarinos : Biografia   792.8092

Meinen Schülern gewidmet

Gerard Wosien

Dedicado a meus alunos.

Bernhard Wosien

Labirinto e Canção do Bailarino *(Tradução da poesia na contra-capa).*
Impressão manual. Theo Hüllenbrandt, 1983

Índice

PREFÁCIO 11

PRÓLOGO 13

MEU CAMINHO COMO BAILARINO 17

I. ENTRE DEUS E O MUNDO – A DANÇA 27

II. OS SÍMBOLOS DO BAILARINO
1. O instante não dividido – Kairós 33
2. Hermes – Mercúrio 35
3. A espiral das serpentes 37
4. O passo 40
5. O círculo e a cruz 42
6. A estrela de cinco pontas 46

III. DA DANÇA PALACIANA À DANÇA MODERNA
1. O minueto e a valsa 51
2. A marcha 56
3. As novas danças 59
4. A dança na pedagogia e na terapia 63

IV. A ALTA ESCOLA DA DANÇA CLÁSSICA
1. Da história 67
2. O aprendizado 71
3. O ensino das posições como meditação em cruz 80
4. O símbolo da cruz na visão do bailarino 86

Ilustrações coloridas: Danças de Celebração e Alegria 95

V. AS DANÇAS DE RODA
1. O folclore da dança 103
2. A meditação da dança 117
3. Considerações sobre as danças de roda dos Derviches-Mevlevi 120

VI. A DANÇA E A ARTE
1. O ato criativo e o confronto artístico 127
2. O bailarino e a crise da cultura 135
3. Como se monta uma coreografia 137
4. Do expressionismo à pintura abstrata 142
5. O Trullo – A moradia como templo 145

SOBRE O AUTOR 153

Prefácio

Encontrei Bernhard Wosien pela primeira vez na Renânia, na cozinha do castelo Schöneck. Estávamos participando de um seminário e logo descobrimos que ambos havíamos sido bailarinos de Morris, no grupo de Rolf Gardiner. Quando cantarolei uma das música do repertório do grupo, ele imediatamente se levantou e começamos a dançar pela cozinha.

Ele era uma pessoa amável e fascinante, um mestre em todas as áreas da dança artística, que ensinou balé clássico, criou coreografias e, nos últimos anos, dedicou-se à dança como arte sacra, da maneira que ela já estava difundida no início do século, inspirada pelo búlgaro Ivan Duenov.

No entretempo, a dança sacra passou a ser cultivada por todos aqueles, que nestes 'Novos Tempos', tentam realizar a visão de nossa Terra como parte da unidade espiritual do Homem e do Cosmo.

Com relação a isto eu me recordo das palavras de um grande mestre indiano, que dizia: "A revolução espiritual começa quando homens e mulheres do mundo ocidental dançam e cantam para Deus".

Nos primeiros anos da Folk Dance Society[1] nós já havíamos reconhecido o conteúdo simbólico de nossa dança alegre, com seus modos vivazes, porém, estávamos motivados pela pura alegria do bailar.

---

[1] *N. T. : Sociedade de Dança Popular.*

Através da dança sacra, o rito veio se adicionar como uma nova dimensão da dança. Nossos grupos vivenciam a consciência do Um, pela energia do divino, que habita todas as coisas.

Este livro, de significado profundo, abrange toda a vivência pessoal de Bernhard Wosien, assim como seus depoimentos como mestre dos mais diversos aspectos da dança. Ele encontrará seu lugar na literatura da dança e é uma contribuição, para estimular as pessoas, a encontrar e cultivar para si este meio agradável e profundo.

Sir George Trevelyan

Prólogo

O Homem, a mais nova criatura que, segundo o Gênesis, foi constituída pelos céus no sexto dia da Criação, recebeu um espírito vivo, com o qual ele consegue animar e movimentar aquilo que está condenado à imobilidade e ao enrigecimento.

O Homem, encarado em termos da natureza, é uma criação impotente, se comparado aos gigantes de outros reinos que já haviam sido criados antes dele. Contudo, nele também vivem as forças das profundezas, que deram origem a tudo. A sua plenitude brota nele com força vulcânica manifestando-se através de sua obra.

Quem nunca mergulhou naquelas profundezas primevas nas quais vida e morte cohabitam como duplicidade na unidade, este nada sabe. O turbilhão da vida nos seus altos e baixos provoca o calafrio que nos deixa pressentir a proximidade da morte, ali onde se manifesta a vida.

Perambulando entre as trevas e a luz, enquanto ser dotado de espírito, cria o seu próprio reino, segundo seu próprio ritmo e compasso, e comprova – suspenso entre espaço e tempo – através de feitos criativos sempre novos, que uma grande parte do poder daquela energia, que tem tudo nas mãos e tudo comanda, transferiu-se para ele. Integrado nos reinos da natureza e entretecido nos ritmos circulares das órbitas estelares, dá expressão às suas harmonias e às suas vibrações.

Onde loucura e verdade, morte e vida, caos e ordem, trevas e luz jazem ainda não cindidas, no mistério da unidade, lá é o colo materno de tudo o que é vivo.

O dançarino é rei, que dança ante o mais sagrado, como foi relatado pelo rei bíblico David quando, dançando, frente à Arca da Aliança, vivenciou uma divinação espontânea, arrancou suas roupas e dançou nu ante seu criador – o mero observador é quem fica chocado. Nosso tempo é cada vez mais dominado pelo ritmo: ele substituiu uma época na qual a melodia dominava. Porém, sem compasso, tudo permaneceria no caótico, no vago, no imprevisível. Compasso é um termo do campo da música. Toda composição perfeita consiste de compasso, ritmo e melodia.

Em toda a composição musical estes três elementos contrapõem-se em interação e tensão vivas e permanentes. O compasso representa a visão espiritual do todo, a clareza e a ordem. O ritmo responde pela vitalidade, pela tensão, pelo pulsar do fluxo sanguíneo. A melodia representa o lado verdadeiramente humano, seu querer da alma e seus sentimentos, em todas as suas nuances.

No mito da antiguidade Apolo e Dionísio aparecem como irmãos. Apolo, o irradiante Deus sol, é venerado como o princípio ordenador: ele marca o compasso e é reconhecido como o evocador da paixão, o que determina o objetivo e o contorno e guarda o segredo da forma.

Dionísio, ao contrário, é o Deus do êxtase, do excitante e do excitável, aquele que está preso ao inconsciente de todas as forças da natureza. Ele é visto como a figura da existência imediata e da absoluta perdição.

Sua envergadura se evidencia em duas esculturas de Trento, cuja antinomia parece quase inconcebível, na medida em que ele, de certo modo, se conjuga em uma forma dupla. Por um lado apresenta-se ele numa forma de nobre beleza, à feição de seu apolíneo irmão – por outro na forma de um ancião meio louco, de um velho decadente, que se embebeda, agarrado a uma cortesã, com um sorriso demente. Toda a extensão de sua envergadura sobre um centauro, como alguém que domina vida, caracterizado por um olhar jovial e por outro lado, aquele alguém tocado pela loucura, entregue à inconsciência da embriaguês, se evidencia aqui. Quase se gostaria de crer que estas figuras polares, nas quais se mostra este deus, esboçam um segredo primevo, que permanece incompreensível na distância entre luz e trevas: unidade do discrepante – seio materno do duplo. Dionísio é o causador do ritmo, o ébrio dançante, o ruidoso portador da alegria, mas também o Deus sofredor e moribundo.

O que diz, contudo, o mito de Orfeu, daquele lendário cantor que com suas canções comovia pedras, plantas e animais, que com sua música conjurava tudo o que era contradi-

14

tório, inimigo e fora de ordem? Em que repousava sua magia? Era na própria voz do cantor, ou era ela tão somente portadora de uma expressão última, mais ampla e maior de tudo o que é vivo? A pesquisa não pôde ainda tornar Orfeu ilustre: suas ligações com os mistérios órficos também continuam obscuros. Ainda assim ele é um homem e, como tal, colocado entre os pólos divinos, entre compasso e ritmo. Ele vê sua tarefa na proclamação da dor e da alegria na terra: com sua palavra, com seu canto, através de sua melodia.

Uma época como a nossa, na qual o ritmo indubitavelmente domina, deve, correspondentemente, manifestar o semblante discrepante que lhe é próprio, de uma tal figura arquetípica como é o rítmico Dionísio. Dionisíaco é o ritmo, órfico é a melodia e apolíneo o compasso. Orfeu, porém, é o mortal entre eles.

O mito de Orfeu sabe mostrar de forma simbólica como a melodia deve morrer sob o ímpeto selvagem dos ritmos: na hora de seu desespero, da perda de sua mulher, não há canção capaz de vir aos lábios de Orfeu. A voz lhe falha, a ele que, outrora, com seu canto, pôde evocar as sereias. Assim encontraram-no as bacantes trácicas, as filhas selvagens de Dionísio. De sua dança extática brotam ritmos chicoteantes, tomadas de voracidade e fúria e em volúpia demente dilaceram o indefeso. Do mesmo modo morre também a melodia sob os golpes dos ritmos selvagemente chicoteantes. Em determinada época porém, cada vez mais intensamente impelido pelo pulsar do ritmo, aspira ao enraizado, à origem criadora e obscura. Esta tendência à embriaguez da vida em seu movimento circular, à qual também é inerente uma vontade da destruição de tudo o que sobreviveu, por outro lado impele também ao conhecimento, que só pode ser revelado por abalos tão profundos que atinjam até os alicerces. O homem de nosso tempo desenvolveu um sentido de uma unidade maior, especificamente uma apreensão universal e conjunta dos contraditórios.

Tudo o que é em si dividido, tudo o que perdeu seu sentido, aspira ardentemente pela unidade. Nunca se ambicionou tanto a interligação dos contraditórios como em nossos dias. Inquietação, pressa e medo, por seu lado, correspondem, por outro, a uma ânsia profunda pela calma, que promete o espírito visionário do Deus sol e conjura o monstro furioso.

Por sobre o ziguezague e o labirinto de seus destinos terrenos, estendem-se as mãos daqueles gênios que outrora foram humanos e sua sabedoria, purificada pelos sofrimentos terrenos, os consola, quando seus passos se desencaminham.

Eu vim à dança
Como isto aconteceu, nenhuma fantasia o diz,
Contudo, todo o meu Desejar e todo o meu Querer
Oscilavam com o Amor nos mesmos círculos
Que conduzem nosso sol e todas as estrelas.

75º aniversário, 19.9.1983

Bernhard

Meu Caminho como Bailarino

Agora, no ano de 1985, a voz de minha musa Terpsícore me impele, enfim, a escrever o que eu ganhei em vivências e em conhecimentos enquanto a seu serviço, um todo que considero precioso o bastante para passar a meus alunos.

Cabe agora ao bailarino tomar as coisas num aspecto holístico, assim como é a essência da dança, e expressar, mesmo coisas com um sentido profundo, de uma forma esclarecedora. Que escritos, notas, conferências, possam aqui, em forma resumida, como frutos de uma longa vida de bailarino, encontrar seu caminho até meus alunos e todos aqueles que amam a dança.

O meu primeiro encontro com a dança foi ainda na tenra infância.

Eu nasci na Masuren (Prússia Oriental), na cidadezinha de Passenheim, filho de um pastor evangélico que era um masuro puro-sangue, tanto em sua aparência quanto em sua fala. Através de meu pai eu fui batizado e, assim, acolhido na comunidade evangélico-cristã. Este foi meu lar espiritual original.

Minha mãe, Antoinette Linda, era a filha primogênita do barão Richard von Butler, de Ponarth, em Königsberg. Os Butlers descendem de uma antiga família nobre inglesa cujo ramo alemão, já no século XI, havia sido aceito entre os cavaleiros de Hessen.

Meu pai e, muito especialmente, seu irmão Klaus, eram bons dançarinos. Sempre que meu tio vinha nos visitar, meu pai lançava mão do violino e daí, com a participação de nossos empregados poloneses, com muita música e dança, surgiam aquelas noites festivas que cunharam as minhas primeiras impressões da dança. Eles dançavam, por exemplo, as *krakoviak masúricas*, uma alegre dança de pares, ou a *masurka*, uma dança proveniente desta região.

Quando eu e meu irmão Klaus chegamos à idade escolar, nós nos mudamos para Breslau, na Silésia. Meu pai nos colocou no ginásio humanístico, e, com isso, eu tive todas as bases para mais tarde me tornar um pastor, que era a escolha de meu pai para mim.

Com dezoito anos eu já era um entusiasta do movimento jovem alemão. Um grupo, o dos *Altwandervogels* (velhos pássaros migratórios), que era especialmente entusiasmado pelo canto e pela dança, me conquistou. A vida em grupo tinha, naquela época, um papel marcante: passeios a pé conjuntos, grandes viagens nas férias escolares, esportes, acampamentos de férias junto aos camponeses em gigantescas montanhas, com esquiadores, e danças com os grupos de garotas, tudo isso formava uma convivência animada.

Quando eu tinha quinze anos de idade, eu vivenciei uma nova guinada para a dança.

Na Ópera de Breslau foi fundado um coro de movimento, pelo pintor Oskar Schlemmer e por Rudolf von Laban. Membros de meu grupo e estudantes da academia de artes se reuniram, sob a direção de Schlemmer, para formar a *Jungen Bühne* (O Palco Jovem). Inicialmente, como colaboradores independentes, nós fomos introduzidos às bases do balé clássico pela mestre bailarina Helga Sweedlund. Este exercício clássico foi para mim uma vivência nova e decisiva. Eu vivenciei este sistema educacional rígido, duro mesmo, como a entrada meditativa na sagração dos mistérios da cruz. Eu já pressentia, pelos ensinamentos de meu pai, que sabedorias inesgotáveis estariam ocultas no sinal da cruz. Por isso, mais tarde, eu frequentemente me perguntei por que o saber sacerdotal passou ao largo desta meditação da cruz.

Nestes anos revelou-se para mim a solenidade e a beleza clássica da dança. Ela me tocava muito pessoalmente e despertava todo o meu entusiasmo. Para mim, a dança é uma mensagem poética do mundo divino, o que, até hoje, ficou como uma compreensão para mim. Eu jamais lamentei ter feito da dança a minha profissão, pois o seu método clássico e a sua disciplina são um caminho para o autoconhecimento. Com os anos, eu senti a força, a postura e a orientação, que provinham destes exercícios regulares. Sem dúvida, se é o homem o coroamento da criação, e é assim que o humanismo quer vê-lo, por outro lado, ele não é mais do que uma parte da criação. A gente nota isto muito especialmente quando se está sendo avaliado e sopesado pela banca de testes da disciplina dos exercícios. Esta disciplina é a liberdade do bailarino. Aqui o saber e a capacidade equilibram a balança.

18

Novos mestres bailarinos vieram para a Ópera de Breslau depois de Helga Sweedlund: Valeria Kratina, que cultivava o caminhar e que ensinou a expressão da pantomima; Herbert Gargula, aluno de Mary Wigmans, que nos aproximou das então modernas formas de expressão da dança e do perigo insuspeito do êxtase pela música moderna; finalmente, Aurel von Milloss, que nos mostrou as dimensões do gênio criativo e nos ensinou composição coreográfica.

Depois de aprovado no vestibular, chegou para mim o momento da escolha da profissão. Preferivelmente, eu já teria me decidido, desde o início, por aprender a profissão de um mestre de balé, mas eu não podia ignorar a formação profissional que meu pai havia me dado. Assim, eu me tornei um *studiosus theologiae* na Universidade de Breslau.

Depois de já haver estudado seis semestres de Teologia, colocou-se para mim, como *homo religiosus*, um sério problema de um tipo especial.

Meu pai sempre fora para mim um modelo de um homem de fé férrea; agora ele se tornara uma medida de minha própria distância da fé. Eu duvidava, autocriticamente, que eu pudesse preencher as condições para, algum dia, me tornar, por toda uma vida, um pastor de almas a serviço da igreja.

Além disso, eu já podia medir o valor da linguagem sem palavras da música e da dança. Aqui a vivenciada harmonia de corpo, espírito e alma, na área poética; lá a cientificação de antiquíssimas verdades reveladas.

Nesta luta pela minha profissionalização, eu procurei a solução em caminhadas. Assim, eu parti, sozinho, a pé, pela Suécia, Noruega e Dinamarca e tentei me livrar de todo o amontoado de conhecimentos desnecessários, como de um lastro. Nos anos subsequentes, 1932 e 1933, eu atravessei o sul da Inglaterra e caminhei por sobre os Alpes, para Roma. Estimulado por um parente que me introduziu aos exercícios de Inácio de Loyola, eu brincava com o pensamento de adentrar uma Ordem.

Neste entretempo, eu queria, contudo, tomar o caminho de pintor e desenhista. Minha mãe, quando jovem, havia tido uma formação como pintora de retratos e me aconselhou a entrar para a Academia de Arte de Breslau. Assim, eu apresentei lá os meus desenhos e aquarelas e fui aceito. Esta mudança de rumo agradou a meu pai mais do que uma carreira de bailarino.

19

Porém, depois de pouco tempo neste caminho, eu sofri uma interrupção externa quando nossos mestres, internacionalmente conhecidos, tais como Oskar Schlemmer, Eduard Muche e Oskar Moll, foram estigmatizados como artistas degenerados e despedidos, e a Academia foi fechada. A nós, os estudantes, foi recomendado irmos para Berlim. Foi o que eu fiz, mas em breve tive que constatar que a arte idealizada da Escola Superior, na rua Grunewald, não me servia.

A musa da dança fez brilhar em mim uma base religiosa mais nova e profunda. A arte, enquanto anunciação e profética indicação de um caminho, não mais me deixou. Assim, eu segui o meu caminho, como diz o poeta: "o homem em seu impulso obscuro, está plenamente consciente do caminho correto".

Agora a minha decisão de escolher a profissão de bailarino estava tomada. Com uma recomendação de meu mestre de balé, eu me apresentei no Teatro Estadual da Ópera de Berilo, onde o intendente Fritz Ebert dirigia esse palco com um magnífico *ensemble* de cantores, diretores e bailarinos. O intendente Ebert me deu como *adlatus*, naquela época, ao outrora primeiro diretor de espetáculo, Jürgen Fehling. Assim, sem querer, eu me encontrei entre as principais pessoas do mundo teatral de Berlim. Dá para se colocar em palavras chaves, como se deu a minha escalada de bailarino a bailarino solista, a primeiro bailarino solista e a coreógrafo no Teatro Estadual de Berlim. Atendendo a meu pedido, Lizzie Maudrik me incluiu no programa de treinamentos do grupo de balé; ela preparava *Petruska*, de Strawinsky. Como eu fiquei feliz em poder, desde logo, dançar entre os cossacos das danças russas. Inicialmente eu encontrei um lugar numa pensão na rua Fasanen, não muito longe do mestre russo Viktor Gsovsky, com quem eu continuei regularmente com os treinamentos para aperfeiçoamento técnico.

Fez-se uma sombra cada vez maior sobre a vida livre da Berlim cosmopolita, devido à dura crise econômica que não tinha fim.

A marcha de Hitler para o poder era irresistível. Fritz Ebert, escoltado pela S.A., foi posto na rua, expulso de seu escritório. Jürgen Fehling foi proibido de trabalhar, mas permaneceu em Berlim. Ebert foi para Buenos Aires. O diretor Bing foi para a Ópera Metropolitana em Nova York; Groke e Abramasowicz fugiram para Varsóvia.

Um intendente com carteira do partido assumiu o lugar de Ebert. Eu também fui chamado até ele. Se eu era ariano? – mas não é membro do partido?! Portanto fui demitido. Fehling deu-me um dinheiro de bolso, para eu sair de Berlim.

Pas de deux

Eu tinha um novo objetivo: Augsburg, onde von Millos ainda procurava bailarinos. Assim eu fui de caminhão para Leipzig e segui, a pé e de carona, até chegar a Augsburg. Aí eu assinei o meu primeiro contrato como bailarino. Uma nova etapa de vida havia sido iniciada.

Era março ou abril de 1933; von Millos mudou-se para Düsseldorf e me levou com ele como solista. Eu logo adquiri a experiência de palco necessária, contudo, eu queria trabalhar mais a parte técnica.

Passei um ano em Paris, junto a Madame Princesa Nikita Troubetzkoy, onde eu também me encontrei com os bailarinos da trupe Diaghilev. Só aqui eu realmente me conscientizei de que maneira especial um bailarino pode ser o portador de uma cultura, num sentido abrangente.

Era o ano de 1936; voltei para Berlim e novamente foi a minha mestra Lizzie Maudrik, que me aceitou em seu grupo de balé. Entrementes ela já havia sido nomeada chefe de balé do setor de coreografia na Ópera Estadual de Berlim. Aí, por ocasião da festa de abertura dos jogos olímpicos, eu pude dançar em frente aos degraus do altar de Pergamon, perante o Barão de Coubertin, o fundador dos jogos, e dos convidados internacionais dessa festa, juntamente com os outros membros do grupo de dança da Ópera Estadual de Berlim.

Destes dias em diante começou a minha escalada de bailarino a bailarino solista e primeiro solista do Teatro Estadual de Berlim.

Certo dia o intendente geral Gustav Gründgens, do teatro no Gendarmenmarkt (mercado dos gendarmes), me perguntou se eu estaria pedagogicamente interessado e se eu gostaria de trabalhar como professor de dança na Escola Estadual de Teatro. Recebi um contrato adicional e tive minhas primeiras experiências com atores. Assim me foi dado o prazer de, ao lado de Gustav Gründgens, criar coreograficamente *Fausto I* e *Fausto II*. Quando, na primavera de 1942, Jürgen Fehling encenou a *Preciosa* de Carl Maria von Weber, eu já podia montar um balé. Tatjana Gsovsky me deu sua classe de alunas para este ensaio, com o qual eu fiz o meu *debut* como mestre de balé. Nesta encenação memorável de Fehling, eu dancei a parte solo com Liena Gsovsky, a filha de Tatjana.

Quando, no ano de 1939, fui nomeado primeiro bailarino solista do Teatro Estadual de Berlim pelo intendente geral Tietjen, conheci Elfriede, baronesa de Ellrichshausen, minha futura esposa. Ela estava de visita em Munique, na casa de uma pintora que fazia o meu retrato. Eu vi Elfriede numa festa dada por esta pintora e tive uma inspiração, como que sussurrada por um anjo: esta será a tua esposa, ela será a mãe de teus filhos.

A segunda guerra mundial já estava em curso. Elfriede me presenteou com três crianças saudáveis. Duas meninas e um menino. Gabriele e Christof nasceram durante a guerra; Antoinette nasceu somente em 1948, quando eu estava como coreógrafo no Teatro Estadual de Stuttgart e abria a temporada com *Feuervogel* (O Pássaro de Fogo), de Strawinsky. Eu não fui mais para o *front*, porque, como artista principal da Ópera Estadual de Berlim, fui liberado do serviço militar – alguns de nós foram escolhidos para comemorar a 'vitória final'. Assim, eu agradeço à minha Musa por ter sido poupado dos maiores horrores da guerra.

Intervalo do ensaio
Teatro Estadual de Stuttgart, 1946
Foto: Hannes Kilian, Stuttgart

Os anos de 1948 a 1958 trouxeram a coroação e o auge de minha carreira como bailarino e coreógrafo. Gottfried von Einem chamou-me, para Salzburg, como coreógrafo, para a temporada de espetáculos de 1948. Esta tarefa eu considerei especialmente honrosa para mim, porque me permitiu trabalhar junto com Oskar Fritz Schuh e Herbert von Karajan, através da encenação da ópera de Gluck, *Orpheus und Euridike* (Orfeu e Eurídice). No ano de 1949, este drama de mistério foi repetido. Nestes dois anos o balé da Ópera Estadual de Viena foi colocado sob minhas ordens.

Naquela época apareceu por lá, como convidado do Festival de Salzburg, o grêmio do Teatro Estadual de Sachsen, sob a direção do intendente Martin Hellberg. Nessa ocasião, Hellberg me convidou para ir a Dresden para assumir a encenação da estréia alemã do balé de Sergej Prokofieff, *Soluschka – Aschenbrödel* (A Gata Borralheira). A música de Prokofieff, magnificamente apropriada para a dança, me fascinava. Eu consegui para esta encenação a fantástica Nora Vesco, treinada por Tatjana Gsovsky, para o papel de Gata Borralheira, e dancei, eu mesmo, o Príncipe.

Nesta época ocorreu o encontro com Jurij Winar, que havia recebido a incumbência de fundar um *ensamble* de arte popular sérvio e que procurava um mestre de dança adequado para o grupo de dança. Jurij Winar, um filho das musas, músico e poeta, dotado de um humor inato, cosmopolita e um bom companheiro, descreveu-me seus planos com vivacidade, de tal modo que senti um parentesco interior para com o povo eslavo dos sérvios.

Este passo representava para mim, pela primeira vez, uma mudança voltada para a dança popular, para a arte popular enfim.

Desde essa época fui dirigindo meu amor e meu prazer cada vez mais para as danças dos povos, para a sua riqueza em mitos e poesia.

Depois de um último engajamento de vários anos nos Palcos Municipais de Nürnberg/Fürth, me despedi definitivamente da dança de palco em 1960 e passei a dedicar-me total-

Bernhard Wosien e Hildegard Krämer em Petruschka, *de Strawinsky, Nuremberg, 1956*
Foto: Hannes Kilian, Stuttgart

mente à pedagogia. Recebi um contrato na Escola Técnica para Estudos Sociais em Munique. Também formei um grupo na Escola Popular Superior, grupo este com o qual viajei regularmente nas férias para países do Sudeste Europeu, onde as velhas danças de roda ainda se mantém vivas.

No ano de 1965 atendi a um chamado da Universidade de Marburg onde aceitei um cargo como docente até 1986 na área de Ciências Educacionais no Departamento de Pedagogia para Escola para Excepcionais, sob a designação 'Procedimentos Especiais da Pedagogia da Cura' e onde ensinei as danças de roda como meio da Pedagogia de grupo. O trabalho de dança em Findhorn, a comunidade no norte da Escócia, tornou-se, desde 1976, um exemplo de uma rede internacional de meditação pela dança.

Pela atuação de muitos entusiastas pela dança que haviam descoberto as dimensões religiosas da dança como uma verdadeira meta pessoal a ser alcançada, a 'Sacred Dance' (Dança Sagrada) se espalhou por uma grande parte da Europa e por todo o mundo ocidental. No caminho da maestria da dança cheguei à conclusão básica de que a dança, como a manifestação artística mais antiga do homem, é um caminho esotérico. O trabalho do

Bernhard Wosien e Nora Vesco
em A Gata Borralheira, *de Sergej Prokofieff*

bailarino acontece no seu instrumento, ou seja, no seu próprio corpo. Trata-se do trabalho a partir da base, a partir do interior da imagem perfeita de Deus. Segundo a frase esotérica: "Assim em baixo como em cima", o trabalho está nos fundamentos de nossa autocompreensão, no ser humano como imagem de Deus. No sentido da Eucaristia, Cristo consagrou o corpo, após ter partido o pão, falando: "este é o meu corpo". Para Cristo o corpo era o templo, que ele dizia que seria destruído e reconstruído três dias depois.

Na dança, como na música, o ser humano consegue exprimir todos os altos e baixos de suas sensações. Na dança sagrada, como oração e conversa sem palavras com Deus, o bailarino encontra o recolhimento. No quadro da irreligiosidade geral de nosso tempo, não é mais fácil exprimir este bater de asas da alma primeiramente 'sem palavras'?

No jogo rigidamente regulamentado, do qual ele desenvolve forças mágicas, na livre manifestação de sentimentos, pendulando entre êxtase, movimento e calma, entre visão e meditação, o homem que dança, liberto pela vontade, sente o hálito da respiração universal.

Assim, a dança é simplesmente vida intensificada e, com isto, delimitada contra outros movimentos rítmicos atribuídos às áreas de esporte e ginástica, assim como a todos os 'trabalhos'. A dança se comunica do ponto onde a respiração, a representação, a imagem e a vivência onírica afloram e se tornam criativas, desprendidas do plano da realidade prosaica e dos grilhões terrestres.

Bernhard Wosien, 1983
Foto: Hilde Zeman, Munique

I. Entre Deus e o Mundo – A Dança

O homem não tem só linguagem, ele é linguagem, assim como todas as criaturas e coisas que nos parecem inanimadas – pedras, cadeias de montanhas, mas também plantas e animais, e mesmo as estrelas.

Mal nos manifestamos na dança, nós, bailarinos, falamos numa linguagem, que, sem dúvida é muda, mas é certamente uma linguagem sensivelmente mais antiga do que aquela que usa a língua. A linguagem de movimento do corpo, assim como toda arte, surge do silêncio. Como podemos interpretar este silêncio, a criativa causa original daquela linguagem, da qual se diz que somente a fé a compreende?

Usualmente, a oração é designada como a via de comunicação da alma humana com Deus. Injustamente, pois na oração, tanto a alma quanto o corpo participam. Uma oração puramente espiritual é adequada aos anjos, mas não às pessoas, com sua natureza espírito-corporal. As formas corporais correspondentes às rezas interiores que pertencem à oração humana.

A dança, por isso, não é apenas a transparência do divino, assim como uma janela aberta, uma vista para o divino. A dança também não é uma viva imagem reminescente – a dança é, em tempo e espaço, um signo, um acontecimento visível, uma forma cinética para o invisível.

Na dança transmite-se, por signos, uma tradição de interioridade objetiva, que aponta para seu conteúdo. Podemos questionar estes signos. Contudo, temos que começar pelo homem em sua totalidade.

O homem vivencia na dança a transfiguração de sua existência, uma metamorfose transcendente de seu interior, relativa ao ser e também à elevação ao seu eu divino. A dança, como na forma de uma imagem característica e móvel, é o próprio sagrado.

Assim, a vida, como peregrinação para Deus, é, no fim, uma busca para se manter aberto para o novo e para a mudança que acontece na alma, comparável ao evento de um renascimento.

A dança é a linguagem figurativa mais imediata que fluiu do hálito do movimento. Ela é tida, enfim, como o primeiro testemunho de comunicação criativa. Nos povos que ainda atribuem um sentido ao invisível, a dança é, ainda hoje, pedido e oração. Nela, o homem consegue exteriorizar todos os atos primevos da alma, desde o medo até a entrega libertadora. Mas o número de povos que consegue se elevar, a partir de seus medos primitivos, ao verdadeiro encantamento e à loucura, no êxtase da dança, é cada vez menor.

Contudo, em nenhum lugar o homem é tão exigido em sua totalidade. Aqui, por fim, ele se encontra não só consigo mesmo, mas também com o Tu, com o mundo ao redor, com o grupo, com a alteridade, tão simplesmente. A dança é para ele um meio de auto-realização. Em íntima ligação com a música, ele recebe a harmonia ou a reconquista.

Não por acaso o homem exprime na dança a sua mais pura alegria e seu prazer. A dança lhe concede o brilho e a leveza para as festas e celebrações de sua vida.

Parece que, no mais tardar, este caminho foi perdido, para nós ocidentais, desde a Renascença, e o esforço de reconquistar a bem-aventurada elevação espiritual perdida termina, não raramente, num mundo do 'como se'.

A dança, como toda obra de arte, surge a partir da meditação. A dança, em especial, tem essencialmente a ver com a meditação, porém, só quando o bailarino verdadeiramente participa e é arrebatado pela sua musa. Jamais uma fonte pode se nos tornar acessível se nós não mais acreditarmos nela. Este ser arrebatado, porém, é o elemento meditativo. Contrariamente a isto estão aqueles esforços dedicados essencialmente à apresentação e ao desempenho. Contrariamente também ao refletir e ao analisar intelectuais, o objeto da meditação deve ser movimentado na alma através de exercícios contínuos – o caminho da meditação leva de dentro para fora.

O objeto da meditação é, para o bailarino, o seu corpo. Este é para ele, ao mesmo tempo, templo, moradia e instrumento. Durante o exercício, durante a dança, ele deve apropriar-se inteiramente dele, preencher todos os seus recantos. O *colloquium internum* leva a si mesmo, assim como à fusão com o objeto: calor, circulação e suor produzem um despertar interior, flexibilidade e solução. A inspiração e a expiração são mais profundas, a tensão e o relaxamento são mais intensos, a correção do equilíbrio interno e externo é repetidamente treinada. O aumento do suor leva a uma eliminação de resíduos. No todo, este processo é, a cada vez, um passo para a autodescoberta.

Este processo é comparável a um trabalho de lapidação, que permite ao diamante bruto tornar-se numa pedra preciosa lapidada, brilhante e reluzente.

Da mesma forma, um bailarino bem treinado reflete as leis cósmicas. A qualidade deste reflexo só se verifica quando corpo e espírito estão fundidos em harmonia. Esta perfeição, se for, só será atingida, através de longos anos de meditação da dança.

O ser iluminado significa aqui o domínio das leis estáticas e dinâmicas, durante o movimento de dança: domínio da rotação, das forças centrífugas e centrípetas, assim como do exato direcionamento do corpo e das articulações nos ângulos que garantam o equilíbrio.

Na vida das antigas culturas altamente desenvolvidas e dos povos naturais, a dança atuou profunda e amplamente em sua existência. O que restou disto para nossa região européia se cindiu em divertimentos sociais, dança como apresentação em sua forma artisticamente mais elevada, o balé, e as danças de roda populares mantidas mais ou menos vivas. Nas danças por exemplo, da Grécia, a sua origem cúltica é nitidamente sensível. Aqui não se trata somente de um caminho do encontrar-se-a-si-mesmo, mas também, do encontrar-a-comunidade. O passo do individual para o grupo encontra, aqui, a sua expressão mais intensa.

Aquele que medita dançando encontra um adensamento de seu ser em um tempo não mais mensurável, no qual a força mágica da roda se manifesta. Quando os dançarinos se ordenam num círculo, de acordo com a tradição, eles se dão as mãos. A mão direita torna-se a que recebe e a esquerda a que dá.

A *palavra de comando* passada pelo bailarino que se encontra em primeiro lugar numa dança feita em círculo aberto (ou seja, num formato de LINHA), flui no sentido horário, para o lado esquerdo, correspondendo ao fluxo das lembranças. Contudo, a direção geral da dança flui contrariamente ao relógio, em direção ao sol que nasce no leste, à luz, para a direita. Esse é o fluxo do conhecimento e da iluminação.

Eu tenho aqui uma associação para o símbolo da era de aquário ♒, no qual dois fluxos correm paralelamente, em direções opostas, mas se harmonizam numa vibração conjunta.

Os gregos dizem que, quando dançam, eles são acompanhados por Apolo e Dionísio. O rítmico Dionísio à esquerda e a força ordenadora de Apolo, que marca o compasso, à direita, dão asas ao homem, que dança no meio e através do Orfeu mortal representado neste quadro e exprime sua aspiração na melodia de sua voz.

O êxtase dionisíaco também pertence à herança clássica da dança, que se exprime nessas danças que são estimuladas por ritmos vitais. Em nossa época temos uma compreensão especial para a forma arquetípica do rítmico Dionísio. Ele é o excitável, preso ao inconsciente de todas as forças da natureza. Ele é tido como a imagem da existência imediata e da perdição total. Ele é o dançante embriagado, o ruidoso portador da alegria, mas também o Deus sofredor que, como um arado, revolve tudo o que enrijeceu e o que sobreviveu, preparando assim a terra para nova vida. Uma dedicação unilateral ao apolíneo conduziria ao formalismo e um exagero do dionisíaco provocaria um afundamento no caótico.

Estes elementos distintos da roda, com as suas propriedades dinamizadoras, diluindo as tensões, soltando o que está contraído, favorecem o tornar-se livre das forças criativas e ordenadoras ao mesmo tempo.

Nas danças da Renascença as leis de forma clássicas sofreram um renascimento e foram levadas a um novo florescimento. No esforço de refletir as leis cósmicas nas danças, produziram-se na música as suítes clássicas de Telemann, Rameau e Bach para danças tais como *Allemande, Bourrée, Sarabande, Courante* etc. Encontramos variações de ordem estilística destas formas de dança clássica nas danças das valsas, das mazurkas, das polcas, na época burguesa do romantismo...

30

Eu tentei pesquisar as leis cósmicas na arte da dança nas correntes de reminiscências e conhecimentos. Os elementos das épocas mágica, mítica, palaciana e outras, com suas variações de estilo, continuam a viver em nossos tempos e conduzem a novas criações.

Com toda a pressão de se criar algo novo, o conhecimento dos mestres será convocado a não deixar romper o fio para as sabedorias.

II. Os Símbolos do Bailarino

1. O instante não dividido – Kairós

Na pintura de um prato ático (figura da página 34) vemos um homem caminhando rapidamente de cabeça erguida, olhando em frente, com os braços erguidos em adoração.

Estranho e, sobretudo atrativo aos olhos, são duas árvores, que, neste prato redondo, partindo horizontalmente do corredor, crescem para a frente e para trás e que, embora pintadas caídas, flutuam no espaço. Ambas as árvores dividem os seus ramos na linha do horizonte deste prato, deixando seus galhos balançarem para todos os lados, até suas mais finas ramificações, criando em nós uma ilusão de ótica, como se este desenho tivesse sido pintado sobre uma esfera. Além disso, os ramos, vindos dos dois lados, se reúnem com a folhagem delicada das duas árvores, após se terem espalhado por toda a superfície circular. Nota-se agora, que as árvores não possuem raízes. Parecem ter sido serradas exatamente no ponto em que as raízes começariam. Este homem a caminhar substitui as raízes que faltam; ele é o eixo do tempo. As árvores crescem a partir do tempo para o espaço: a árvore da direita para o futuro, correspondendo à direção de movimento do homem – a árvore da esquerda cresce para o passado. O corredor encontra-se portanto no ponto de encontro do eixo tempo-espaço.

Na direção do passado podemos observar o pássaro das almas a voar. Ele parece voar como uma flecha na direção da memória, como símbolo da única torrente que corre para trás. O homem que caminha simboliza o instante como menor unidade de tempo. Todo músico sabe como se deve compreender o tempo: através do compasso. Este intervalo de tempo infinitamente pequeno de um piscar de olhos se iguala à eternidade. Em um instante a vida surge e se finda.

O instante é também o impacto de atingir o conhecimento máximo. Assim, o intervalo de tempo que eu vivencio é tão somente um instante. Não vivencio nem o ontem, nem o amanhã; eu os vivencio só na lembrança. O que eu realmente vivencio é o instante sempre errante e assim, também eu, continuamente, caminho adiante. Contudo, só no presente é que posso vivenciar o todo.

Eurípedes descreve o nascimento de Dionísio, em suas *Baqueanas*, na seguinte cena: Dionísio morre em consequência de ter sido atingido por um raio. Porém, Dionísio, o Deus da Intuição, e Sêmele, sua mãe, apresentam-se em forma de vida plena. Com isto está dito que o velho deve morrer quando a chama inflamadora inicial faz brilhar o 'vir a ser'. O desenho do artista ático já indica que o espaço e o tempo são curvos. Será que este conhecimento, desenhado aqui de forma enigmática, era um saber secreto? Este é um conhecimento que a pesquisa atual redescobriu.

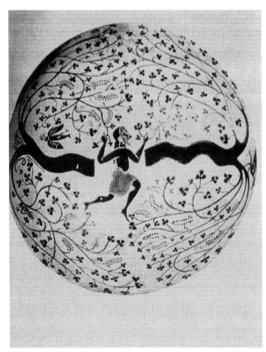

"Kairós", taça em cerâmica da Ática, 550-530 a.C.

Para o bailarino, observar este símbolo é especialmente valioso. Assim como o corredor, a cada instante o bailarino será exigido pela dança, em sua presença mais atenta, em sua totalidade. Seu pensamento e sua audição têm que acertar o passo com seus pés. Ritmo, melodia e compasso exigem do bailarino o comprometimento total de sua personalidade, elevando-o através de uma ação conjunta ao plano de existência mais elevado de sua musa.

Através da dança, como num jogo dos jogos, que celebra o instante num eterno retorno, essencialmente se alcança e se anima a festa e a celebração.

2. Hermes – Mercúrio

Se observamos o símbolo astrológico de mercúrio, podemos verificar que o mesmo se compõe de três sinais simbólicos. No centro, entre a meia lua e a cruz, encontra-se o círculo. Em toda linguagem original ele representa o sol e com isso também o ano cósmico, o Deus da luz. A cruz representa o ideograma do mundo, o ano humano; o semicírculo representa a lua, o aspecto maternal e anímico da luz, espelhando seu reflexo.

Hermes – Mercúrio é um espírito de ar e representa o princípio da comunicação. Entre o mundo tripartido – existente também em nós – da consciência mais elevada (o círculo), dos estados de alma, o mundo da sensação (a meia-lua) e o corporal físico (a cruz), o espírito encontra-se em constante movimento, intermediando a experiência da totalidade entre espírito, alma e corpo. Pairando em torno de todas as coisas sensorialmente concretas, ele é considerado o Deus servidor.

Na mitologia da antiguidade ele era venerado como filho do Deus Sol e da Deusa Lua, bem como guia das almas dos mortos e portador dos sonhos e da visão profética para os homens.

Hermes, como deus dos bailarinos, promove a cura através do movimento. Ele leva à totalidade e ao equilíbrio através do atalho sinuoso da vida. A interpretação humana manifesta-se como bailarino em cima da coluna de ar de um ser eólico de rosto bochechudo, numa postura espiral, usando sandálias e elmo alados e indicando para o alto com o dedo da mão direita (figura da página 36).

"Mercúrio esvoaçante"
de Giabologna, por volta de 1565,
estátua de bronze

Na sua qualidade de 'tri-poderoso' (trismegistos) e como mensageiro dos deuses, ele sente-se em casa tanto no reino dos céus quanto da terra e dos mundos subterrâneos. O seu bastão coroa o símbolo original do pássaro da alma; em torno dele enroscam-se duas serpentes que se entrelaçam várias vezes, mantendo um diálogo eterno. Do ponto onde as duas caudas se tocam, para cima, essas serpentes se cruzam na região dos genitais, do coração e da cabeça, as esferas centrais da vivência humana. O caminho da espiral, como símbolo do tempo, corresponde às questões: "De onde venho?", "Para onde vou?"

Esta figura representativa do movimento eterno, que se direciona ao divino através do caminho serpenteante da vida, é abordada por Rilke no seu primeiro livro *Da Vida Monástica*:

Vivo a minha vida em anéis crescentes,
que se abrem sobre coisas.
Talvez eu não complete o último,
Mas eu quero tentá-lo.
Eu giro em torno de Deus,
A mais antiga das torres
E giro por milênios
E ainda não sei: serei eu um falcão,
Um vendaval ou uma grande canção?

A comunhão com o todo tem suas raízes na ligação dos pés, a força criativa ela gera a partir da origem, a totalidade brota do centro do ser do Homem, e a consciência superior promete a cura.

Hermes fala a linguagem silenciosa e figurativa do movimento a que o espírito dá asas: como filho de Deus ele possui a chave secreta do reino da imaginação, desde as profundezas até a mais alta sabedoria celestial.

3. A espiral das serpentes

Esta é uma representação gráfica da superação do tempo e do espaço através do movimento (figura da página 38). Se não se toma a cruz do ponto de vista estático, mas sim como um desenvolvimento, então o momento presente já estará incluído.

É uma figura desenhada na areia por um pajé, visando a cura de um doente, que é colocado no centro de uma mandala. Por um ritual de conjuração conclama-se o espírito da doença a abandonar o doente.

A mandala é assim tão reveladora de um sentido porque mostra, simultaneamente, através desta representação, tanto os volteios espirais quanto a cruz, ambos no *status nascendi*, surgindo de uma mesma raiz. Também as duas árvores do paraíso, a árvore da vida e a árvore do conhecimento, segundo o saber antigo, possuem uma mesma raiz.

A cruz surgindo através de quatro caminhos espirais é circundada por uma serpente negra que se enrosca em torno de tudo, o Oroboros, que, da mesma forma, também ainda não completou o seu caminho. Como serpente dos mundos, que ela bem deve representar, ela tem a direção da trajetória dos equinócios, que em 2100 anos deve percorrer um zodíaco.

Este desenho mágico já tem duas cruzes pré-programadas: a cruz fixa e a cruz diagonal, que gira. Na figura, como *templum* e lugar de cura, conclama-se, tanto como forças terrenas quanto cósmicas, o tempo no qual o doente vive e o lugar onde ele está deitado, entregando-o assim à ajuda divina.

É o ano solar que as serpentes simbolizam através da postura de suas cabeças e das trajetórias que demarcam.

Vemos como que a partir do centro de um pequeno círculo dividido em quatro setores iguais, portadores de quatro cores diferentes e dos quais saem quatro serpentes. Estas serpentes rastejam para fora diretamente do ponto central do círculo e têm a mesma cor do setor do qual emergem. Todas as quatro serpentes, assim que abandonam o círculo, giram no sentido horário em torno do ponto central e cada uma delas busca o seu caminho segundo determinação própria, quer dizer, voltam-se para a periferia num ponto exatamente oposto ao seu local de origem.

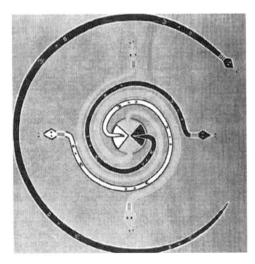

*"A espiral das serpentes",
desenho na areia de uma mandala
de cura dos índios Navajos:
G. A. Richard e F. J. Newcomb, 'Sandpaintings
of the Navajo Shooting Chants'*

A serpente branca direciona-se para o leste (sol-nascente), a dourada para o zênite (sol a pino), a preta direciona-se para o oeste (sol-poente) e a serpente de cor mística cinza-azulada volta-se para o nadir (após a meia noite). Contudo, elas aparentam ainda não ter atingido o seu destino final. A cruz que elas obviamente assinalam com suas cabeças ainda está por vir.

São os quatro pontos cardeais do decorrer do dia que são assinalados: sol nascente (manhã), zênite (tarde), sol poente (entardecer) e nadir (noite). Transposta para o ano, esta quadri-divisão corresponde à primavera, ao verão, ao outono e ao inverno. Desta forma tocamos um mistério profundo da cruz.

Na visão de mundo dos Antigos, estas quatro mudanças de estação eram interpretadas como a troca da guarda dos anjos.

Seus nomes são:

Gabriel – 'Deus é a minha força.' Simboliza o impulso desencadeador, a ressurreição oriental da natureza.

Uriel – 'Deus é minha luz.' Representa a estação do ano mais clara e quente, pois o sol encontra-se no zênite.

Miguel – a pergunta verificadora: 'Quem é Deus?' Quando as folhas caem, a força vai para as raízes.

Rafael – 'Deus é minha cura.' O sono e a regeneração e cura que vêm das profundezas.

Este ritmo anual corresponde ao caminho de cura de todas as escrituras antigas. A cura ainda está por acontecer nesta imagem mágica, porém já está em movimento e busca sua realização.

A espiral também contém sempre o tema da reencarnação como regresso, que é sustentada pela lembrança da origem através da *religião*.

Do ponto de vista da dança a espiral da serpente é a descrição de um processo que, por conter em si a semente da realização, representa de uma forma simbólica o instante do movimento no meio da dança. O tesouro da cura reside na dança, mas sempre exatamente no ponto no qual a pessoa se encontra quando se é da 'roda'. A dança é a ponte entre o tempo e o espaço: através do movimento o bailarino deixa o passado atrás de si como a cauda de um vestido, sem medo do futuro, pois ele ainda tem que lhe dar forma.

4. O passo

Perguntaram-me muitas vezes: "Por que o passo é tão decisivamente importante na filosofia da escola de dança?"

A cerca disto, gostaria de explicar: quando surgimos no espaço e nele nos movimentamos, temos que dar passos. A escola de dança é a escola do caminhar. O fluxo contínuo da corrente do tempo recebe através do contato do pé um compasso. Através dos passos determinamos uma medida de tempo e ao mesmo tempo uma medida no espaço. O passo torna mensurável, de acordo com a música, o ato da dança no espaço e no tempo, vivenciável e passível de ser repetido. O nosso pensamento aprende com o pé a acertar o passo, e assim construímos uma coluna entre o céu e a terra.

O passo é, portanto, um símbolo essencial do bailarino como um ser que vibra conjunta e ativamente.

Observemos uma estátua de um escultor grego, uma figura humana, esculpida a partir de um bloco de mármore. É uma estátua de Kouros do período arcaico da arte grega (figura da página 41).

Seu criador deve ter sido um iniciado, já puro, no que concerne à técnica; e deve ter tido uma visão interior da beleza a que ele queria dar forma. Tudo o que era supérfluo, ele deixou de lado. Esta imagem humana de sua visão manteve a qualidade de um ideal.

Tornou-se a imagem de um Deus de Luz, a do Deus do Sol, Apolo: um ser de luz visto espiritualmente tornou-se a figura de um ideal de luz somente concebido no nível espiritual.

O escultor criou o jovem de pé, numa postura relaxada e ereta, porém 'quase de pé'[3],

---

[3] *N. T.: O autor executa aqui um jogo de palavras impossível de ser traduzido numa expressão:* ent-stehend *pode ser traduzido como* surgindo, originando-se, *mas também traz o sentido de* levemente afastando-se do estar de pé, *dando assim origem ao movimento.*

criando paralelamente o início do movimento através da intenção de dar um passo: uma coluna ereta que está de pé no espaço e surgindo no tempo.

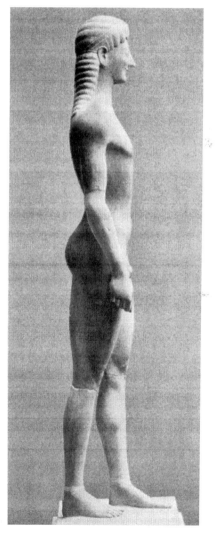

*Estátua Fúnebre de um Kouros
(Jovem) de Melos, cerca de 550 a.C.*

É o retrato de um jovem de pé por si só, reunindo em si ideal e realidade, trilhalhando meditativo seu caminho de vida.

Vê-se este jovem de lado, *en profil*. Ele olha em frente, ao longe e nós experenciamos sutil insinuação de um passo. (Um bailarino certamente comentaria aqui: isso não é nenhum passo. Em que perna, afinal, se apoia este jovem? Qual é a sua perna de apoio e qual a de movimento?)

Falo agora como escultor, que sente em si a tarefa de dar forma humana a um ser divino, a centelha divina no homem. Este artista deseja mostrar um ser humano que acaba de se decidir a prosseguir o seu caminho, o seu caminho a pé, como se quisesse dizer: "Todos somos peregrinos perante Deus". Por isso esta estátua é usada como ideal para os aprendizes que tomaram sua decisão de se colocar sob a orientação de seu criador.

5. O círculo e a cruz

Do ponto de vista histórico, dançamos principalmente as danças de roda da Europa antiga. Aqui eu gostaria de falar um pouco do símbolo do círculo. A sabedoria dos Mestres comprova que o círculo representa uma imagem microcósmica do espaço cósmico original.

O círculo é tido como o símbolo original da eternidade e é um reflexo daquele círculo no céu noturno, o zodíaco, do qual todos nós descendemos.

Todos os pontos do círculo são pontos de retorno. Uma vez que se percorra um círculo, gira-se 360 graus sem que se perca a relação com o centro. Trata-se de um processo de transformação que representa o princípio da mudança.

Cada ponto do círculo tem a mesma distância para com o centro, o baricentro deste espaço que é circulado como centro visual comum. Este ato da dança tem, com isso, centro e limite. Ambos os conceitos justificam os pólos da moderação. A resposta à questão relativa ao sentido da vida é também a resposta à pergunta sobre as leis do universo, que ocorrem em órbitas circulares em todos os planos.

No início do cristianismo a dança foi muito considerada. Ela acompanhava as atividades sagradas e estava naturalmente integrada nos rituais cristãos da jovem igreja, sobretudo nos batizados e casamentos. Nas danças preservadas, por exemplo, na Grécia, ainda se sente nitidamente a sua origem num culto. Aqui a dança não é apenas um meio ideal de encontrar-se-a-si-mesmo, mas também de encontrar-se-com-a-comunidade, de forma que o passo de cada um encontra a sua expressão viva no grupo.

Nas danças de roda e nas danças circulares mais antigas dos gregos vivenciei a invocação dos deuses através da dança e da música. É nisto que a adoração divina se mantém ainda bem viva, tendo sido transmitida de forma intacta em termos de ritmo, compasso e melodia.

A direção da dança corre no sentido anti-horário que nos mostra a trajetória do sol desde a manhã até à noite.

Imaginemos que nos orientamos todos para o sul de forma a termos o leste do lado esquerdo. Como o sol nasce no leste, a dança do sol se move em direção oposta à da luz. Este acontecimento dinâmico tem uma correspondência nas igrejas e lugares de culto na Europa, cujos altares estão voltados para o leste, para o nascente do sol no horizonte.

A mão direita é, neste caso, a que recebe, com a palma da mão voltada para cima, e a esquerda, a mão doadora, com as costas voltadas para cima. Ela dá a luz adiante, garantindo ao mesmo tempo a retro-ligação (em latim *religio*, aqui no verdadeiro sentido da palavra). Desta forma o presente e o passado estão misteriosamente interligados. Só nós humanos separamos o hoje e o amanhã. O eterno, *sub speziae aeternitatis*, está além do tempo. A corrente circular, uma imagem sensorial da eternidade, nos diz isto. Assim, nós carregamos conosco, como se fora a bagagem de um peregrino, tudo o que, no fazer e no pensar, no agir e no trabalhar está em nós como um tecido.

No cristianismo que nos foi transmitido, a religião pouco nos é ensinada da Bíblia, mas sim, muito mais com a circulação do ano cristão que significa um rememorar ritual da vida de Cristo e seus discípulos. Dentro desta circulação, os acontecimentos do velho testamento inserem-se de tal maneira, que formam um sistema de oráculos e profecias, ou seja, não constituem uma história contínua.

Quando desenhamos a cruz no círculo da dança, então dançamos em torno dos quatro quadrantes do ano: Primavera, Verão, Outono, Inverno. Os antigos diziam que, nos cantos, os quatro arcanjos se alternam na guarda: Gabriel, Uriel, Miguel e Rafael. O seu significado mais profundo reside na imagem fenotípica das quatro estações do ano. Com isso o caminho de cura do ano torna-se para o bailarino uma via sacra religiosa. Assim, vamos dançando em um círculo, ao encontro de um novo tempo. O espírito de Hermes, que tudo unifica, nos conduzirá, nos dará a chave e nos revelará algumas coisas ocultas, através dos acontecimentos dinâmicos das formas.

A cruz é um símbolo essencial, um símbolo primevo proveniente de dias remotos (figura da página 45). O eixo vertical é sempre o eixo do tempo e o horizontal, o do espaço. Tempo e espaço formam o sistema de coordenadas de nosso destino, no qual nós, homens, estamos rigidamente sujeitos. Com outras palavras: a cruz é o símbolo da nossa vida, da nossa existência. Tudo que fazemos acontece em algum tempo, em algum lugar. Nascemos em algum tempo e espaço e temos que viver toda a nossa vida neste sistema de coordenadas de tempo e espaço. Dentro do tempo podemos questionar: de onde venho – para onde vou? Com o eixo vertical, o eixo do tempo, é indicada uma direção, um caminho, um objetivo. Venho de uma origem primeva desconhecida, da noite (lua), da escuridão do passado, e cresço para o alto, para a luz, para o sol, para o futuro.

No meio da cruz encontram-se os dois eixos. O eixo transversal ergue-se espacialmente de mim para o outro, do Eu para o Tu, do Eu para a Alteridade tão simplesmente. Também se pode dizer: de mim, que estou no centro, para ambos os lados.

Gostaria, inicialmente, de fazer a contemplação da cruz através das palavras do poeta:

Homem, tu que és feito à imagem de Deus,
teu corpo é uma parábola: Cruz e Cristo.
Cravado no solo se ergue o tronco principal,
paralelo aos teus ombros corre a madeira transversa.
Reconhece a cruz, é dela que pendes,
menino das dores e homem das dores.
Vértebras cervicais representam os degraus
da escada de Jacó subindo aos céus.
Envolto por costelas escuras arde o coração:
luz eterna e sacramento.
A fonte oculta nas rochas pulsa e se expande
Inclina-te ante qualquer imagem humana.
—Werner Bergengruen—

"Signatura Rerum"
Esquema místico do universo de *Jakob Boehme,*
folha de rosto do tratado do mesmo nome

A cruz diagonal (a cruz de André) é completamente diferente. Não termina no nosso horizonte ótico, mas sim na esfera dos planetas. Aí, o nosso horizonte chega até o firmamento. As quatro extremidades da cruz referem-se a Marte (touro), Saturno (leão), Vênus (aquário) e Júpiter (escorpião).

Através dos ponteiros da cruz diagonal também são considerados os quatro elementos: terra (touro), fogo (leão), ar (aquário) e água (escorpião).

No decorrer dos milênios os homens reconheceram não só os fluxos e as energias que chegam até nós, vindas dessas esferas, como também que somos constituídos a partir das forças do espaço cósmico original.

6. A estrela de cinco pontas

O templo de Apolo em Delfos tinha por cima da porta de entrada uma inscrição: "Conhece-te a ti mesmo".

Entrando e voltando-se, de forma a que a entrada se torne a saída, pode-se ver por cima da mesma porta uma única letra: ε, que tem significado numerológico de um 5, e que, contudo, lida em voz alta significa: "Você é". Isto quer dizer: só quem se conhece a si mesmo, poderá entrar no templo de Deus do Sol. Uma vez tendo entrado no interior do santuário, poderá falar para Deus: "Você é".

Só o verdadeiro autoconhecimento nos leva ao conhecimento de Deus. Quem se autoconhece, reconhece também a origem do cosmo com seus quatro elementos e a origem do homem com seus quatro constituintes elementares, estando no quinto elemento puramente espiritual, no universo espiritual de Deus.

Este homem vivenciou em si próprio: Deus está por trás de toda a existência como o verdadeiro ser e Deus é pessoal.

O nosso próprio, 'eu sou' encontra acolhida e proteção no 'Eu Sou' de Deus. Por isso é que aquele que se conhece, fala para a divindade 'Tu És'.

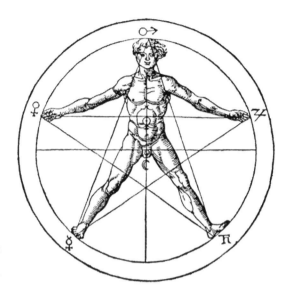

*O homem,
como uma estrela de cinco pontas,
segundo Agrippa von Nettesheim*
De Occulta Philosophia, *Livro 2, capítulo XXVII,
Colônia, 1533*

Se desenharmos o homem com pernas abertas e com braços horizontais, levemente dirigidos para baixo, obtemos então os cinco vértices, que, com as extremidades dos membros e da cabeça podem ser interligados para formar um pentagrama (figura acima).

Do pentágono só se pode desenvolver um corpo regular: o dodecaedro regular, dodecaedro pentagonal. Platão, no *Timeu*, considera-o como sendo a forma simbólica do cosmo, que contém em si e resume os quatro elementos, formando assim a sua quintessência. A *quinta essentia*, o quinto 'elemento', é supra-cósmica e por isso não se submete mais ao caminho do destino terrestre.

A estrela de cinco pontas é também símbolo do homem criado puro e de seu logos divino. No lado sudoeste da nave da abadia Hauterive em Friburgo, na Suíça, fundada em 1138, existe ainda uma janela com uma estrela de cinco pontas apoiada em um vértice. O símbolo aqui é tríplice: a estrela de cinco pontas, ao centro a rosa e, ao longo das pontas da estrela, os espinhos (figura a página 48). O homem que encontrou o acesso ao seu mais profundo interior, ouve a voz da sarça ardente: 'eu sou o Eu-Sou' (compare com a simbologia da estrela 'que roda' apoiada sobre um vértice, no capítulo V.3, p.121).

*Janela na nave da abadia sistercience
Hauterive, Friburgo, Suíça século XIV
Foto: Magdalena van Dijk*

*Ela vagueia levemente, alto, no éter, por sobre as vagas,
e o que respira na terra, respira somente através dela.*
–Eurípedes–

Os astrônomos da época pré-cristã estudavam também, sobretudo, as posições do planeta Vênus no céu, onde ele reapareceria após um período de invisibilidade. Era sabido, que a estrela, que nas manhãs desaparecia no leste, deveria reaparecer como estrela vespertina no oeste. Contudo, o mistério de sua trajetória era que ela não percorria os doze animais símbolos do zodíaco regularmente, numa ordem inabalável, como o Sol o fazia. Quando, depois de seu período de invisibilidade de quarenta dias, sai da mais estreita região de irradiação do Sol, Vênus segue uma certa lei que lhe é própria.

As conjunções de Vênus com o Sol acontecem em cinco símbolos zodiacais, que retornam em uma ordem regular. A troca de estrela matutina para estrela vespertina, demora, contado a partir da conjunção com o Sol, cerca de quarenta dias até que a estrela vespertina brilhe. Quarenta é assim, também como fase de regeneração, um número mágico.

Se marcarmos estes cinco lugares da conjunção no círculo da órbita solar e unirmos esses pontos, surge então um pentágono. Já há mais de cinco mil anos o pentágono nos foi transmitido do oriente médio e lá, no lugar onde surge, supõe-se também a rainha celestial. Os pontos de conjunção de Vênus com o Sol, sem dúvida, movimentam-se no horizonte, permanecendo, contudo, sempre à mesma distância. Esta trajetória foi também sentida como uma dança, assim como, de modo bastante geral, se encarou o girar dos planetas em suas esferas como uma dança cósmica.

Uma característica especial da estrela de cinco pontas é que, quando se unem os lados exteriores e interiores do pentágono, este, tanto no interior, quanto no exterior, cresce para o infinito, uma vez que as linhas podem ser prolongadas eternamente: o exterior reflete-se no interior e vice-versa bem como o macrocosmo se reflete no microcosmo. Desta forma a estrela de cinco pontas é a chave simbólica para a correspondência dos mundos, entre acima e abaixo, fora e dentro, céu e terra. O homem, porém, é a imagem de Deus.

Com seus quatro constituintes elementares, ele desemboca no mundo espiritual do divino, no quinto elemento puramente espiritual. Este corresponde à compreensão pelo autoconhecimento, como visão de Deus inteiramente pessoal: Deus está por trás de toda a existência como o verdadeiro ser.

III. Da Dança Palaciana à Dança Moderna

1. O minueto e a valsa

Pode-se dizer, que o minueto francês foi a expressão do modo de vida aristocrático e uma obra prima de seu tempo, pois muitos artistas tomaram parte no aperfeiçoamento desta dança. O vocabulário de passos aritmeticamente moldado, trespassado de graça e *donaire* em sua coreografia, e a conjunção e a oposição dos pares, desperta uma impressão de harmonia e de uma movimentada serenidade.

Aqui, a calma no movimento e o movimento na calma, como os motivos básicos da harmonia clássica, foram levados à mais completa perfeição. Ao observador de um minueto, em cada uma de suas fases, parece que foram ressuscitadas as poses de figuras antigas, com toda a sua paisagem de formas.

Todas as danças palacianas exigiam, desde seu início, que os dançarinos e as dançarinas se colocassem em formas coreográficas básicas, sejam quadrados, círculos ou filas. Era também necessário que a próxima dança fosse previamente anunciada por alguém, de modo que os dançarinos pudessem se arranjar em suas posições. A pessoa em questão, que tinha que funcionar como *maître de plaisir*, fazia a ligação entre os músicos e os dançarinos, cuidava da vivacidade da sequência de danças e assumia também a configuração de todo o divertimento social.

A formação do minueto se dava na forma de alas. Se compararmos isto com o desenvolver-se da dança na era burguesa que se segue, o que se destaca fortemente é que a dinâmica destas danças torna, via de regra, totalmente supérflua uma rígida formação prévia. Finalmente, desaparece também a pessoa que anunciava as danças. O espírito ordenador da marcação recua e dá lugar ao espírito pulsante do ritmo.

*Bernhard Wosien e Liselotte Michaelis,
Ópera Estadual de Berlim, 1936/37*

O minueto não reinava sozinho nem mesmo nos bailes da corte de Maria Theresa e do imperador Josef II. Mozart se espantou uma vez com o fato de que o imperador Josef II fez serem trazidos 3000 cidadãos e cidadãs vienenses para um balé da corte, em Schönbrunn: assim, este baile ficou cheio de cabeleireiros e de garçonetes. Surgiu então, num processo de desenvolvimento orgânico da dança do povo austríaco, o 'girar', aquela dança, que reflete, numa perfeição única, o girar e o voltear dos astros e os três ritmos básicos, segundo os quais também os corpos se movem no espaço: a valsa.

Com a entrada da música, o ritmo é marcado e os pares fluem sem cessar na pista de dança. Enquanto que no minueto ainda se mantinha sempre a distância exigida da parceira, que nunca chegava muito próxima do homem na dança, na valsa dos tempos burgueses a relação com o parceiro se torna um único abraço.

Enquanto que o minueto refletia uma cultura palaciana e aristocrática, podemos reconhecer na valsa, nesta dança de roda do flutuar e do girar, o prazer de viver da burguesia emergente do século XIX.

Uma vez rompida a grande corrente, as danças de roda do povo automaticamente se desenvolvem para se tornarem danças de pares, no *dreher* e na valsa. A burguesia assumiu o dançar de acordo com as maneiras populares e desenvolveu a velha dança de roda e os *ländler*, de sua forma bruta, para aquelas danças, que, no início do século XIX, substituíram as danças da corte. O balançar e o girar, que muito especialmente caracterizam estas danças, sublinham seu caráter democrático, como protesto contra a cultura palaciana do minueto.

Se analisarmos a figura coreográfica da valsa, descobrimos que ela é a única dança do mundo que reúne em si três ritmos, que têm uma correspondência no espaço cósmico de nosso sistema planetário.

Para isso precisamos imaginar um par de dançarinos que valsam numa pista de dança livre. Inicialmente é descrito um grande círculo, cuja periferia é demarcada por este par, que, por sua vez, também gira. Assim como a Terra, com seu satélite, a Lua, paira em torno do Sol, em um grande círculo, assim também, na valsa, o par realiza um círculo em torno do ponto central, do centro de gravidade da sala, propriamente dito.

Mas também o terceiro ritmo de rotação, o voltear dos pólos da Terra – a assim chamada precessão – está contido na valsa, por meio do passo da valsa, que transfere o peso, alternadamente, uma vez para o lado esquerdo e, imediatamente depois, para o lado direito. A espinha dorsal do dançarino de valsa descreve, durante uma volta, em um segundo, sobre o centro de gravidade (os quadris), aquele movimento que a Terra completa, analogamente, ao longo de 26.000 anos.

Este ritmo de rotação do eixo terrestre já era conhecido pelos pesquisadores na Antiguidade. A trajetória dos pólos faz com que, em 13.000 anos, a inclinação do eixo terrestre se transfira para o lado oposto. Uma dança, na qual jaz adormecido um tal segredo e que esconde-o de todos aqueles que se entregam a ela, tem que fazer uma parada vitoriosa em torno do globo terrestre. Seu ritmo triplo de rotação corresponde a uma situação cósmica atemporal. Assim, um dançarino de valsa vivencia, de um modo sensorial-espiritual, algo da eterna harmonia das esferas. Adicionalmente, precisamos relembrar as palavras do Conde de la Garde sobre o 'poder inefável' da valsa, para compreendermos o quão fortemente esta dança pode ter formado e ajudado a definir o 'clima' do congresso de Viena: "é um poder inapreensível, o que exerce a valsa. Tão logo se elevam os primeiros compassos, as feições se desanuviam, os olhos brilham e ela a todos envolve. Os piões graciosos se formam, se põem em movimento, se cruzam, se ultrapassam... Seria necessário ver estas mulheres arrebatadoramente belas, todas em flores e diamantes, impelidas pela música irresistível, fundidas nos braços de seus pares; ver como a seda brilhante e a gaze leve de seus vestidos seguem cada movimento e desenham graciosas linhas onduladas, e, por fim, ainda, o prazer, em êxtase, que transpiram suas faces encantadoras, quando o cansaço as obriga a deixar as regiões celestiais e a buscar novas forças na Terra."

O povo em Viena estava predestinado a criar esta nova dança, a enobrecê-la e, finalmente, divulgar a imortal 'Valsa Vienense' por todo o mundo. Enquanto o povo se submeter, suave e passivamente, à tutela dos mais velhos, praticamente só se dançará como os pais e os antepassados. Contudo, ao se ler as descrições das pessoas da época, sobre o surgimento da valsa, tem-se a impressão de que a disposição animalmente energética para festejar da população vienense não conhecia qualquer limite.

Do torvelinho bacante, que dominava os salões de dança vienenses durante as festas e os bailes de máscaras carnavalescos, relata o ator O'Kelly em suas memórias: "o povo de Viena tinha em minha época (1786) a febre da dança... A paixão das damas vienenses pela dança e pelos bailes de máscaras carnavalescos foi tão decisiva que não aceitavam qualquer restrição ao seu prazer preferido. Isto tomou tais proporções, que foram instalados quartos apropriados, preparados com todo o conforto, para as mulheres grávidas (!), que não se deixavam convencer a ficar em casa (!), para, se, por infelicidade, fosse necessário, pudessem dar à luz... As damas de Viena", continua O'Kelly, "são especialmente famosas pela sua graça e seus movimentos no girar, do qual elas jamais se cansam. Eu, porém, considero o valsar de 10 horas da noite até 7 horas da manhã, um delírio incessante, cansativo para os olhos e ouvidos, para não falar de piores consequências..."

Um homem liderou, estimulou e se entregou a esta dança até o último prazer: Johann Strauss; verdadeiramente um filho do povo, nascido em Leopoldstadt, uma ilha do Danúbio ainda então impetuoso.

Os maiores de sua época se dedicaram ao minueto, de Gluck a Rameau, de Mozart a Beethoven. Mas, até então, nenhum verdadeiro gênio havia emprestado seu demônio à valsa. O primeiro prelúdio genial foi dado por Carl Maria von Weber no seu *Aufforderung zum Tanz* (Convite à Dança, 1819), pois as melodias de Schubert não eram muito apropriadas, quanto à sua harmonia interna, a por em movimento a dança de pernas. Estimulado pelos quadros musicais de Carl Maria von Weber, Lanner começou a presentear o mundo com suas primeiras composições de valsa: ele acrescentou de forma puramente técnica o *Präludium* (Prelúdio) e a *Coda* (Coda) às formas de dança de suas valsas e elevou esta música, de uma música puramente *ad hoc*, como acompanhamento de dança para criações sinfônicas encantadoras.

A melodia como expressão musical multifacetada de estados da alma humana, nas valsas criadas por Lanner, inaugurou a época romântica da valsa. Ocorreu que Johann Strauss tomou conhecimento dos sucessos de Lanner. Um gênio reconhecia o outro. O jovem loiro e magro, de 19 anos, Josef Lanner, admitiu em seu terceto o rapaz de cabelos negros como o carvão, Johann Strauss, ao qual pertenciam ainda os irmãos checos Drahanek. Com isto estava fundado o quarteto que iria presentear o mundo com melodias imortais. Lanner e Strauss tornaram-se os favoritos declarados da população vienense. Sua história de vida é a história da valsa vienense.

Dos dois, Strauss tornou-se o mais popular, um verdadeiro conquistador do mundo. Prolongadas turnês o levaram à Alemanha, França e Inglaterra. Quando chegou ao auge de sua vida e de seu sucesso, seu filho Johann, o mais novo, já era o seu mais encarniçado concorrente, de quem Richard Wagner pode dizer: "Este é o cérebro mais musical que já cheguei a conhecer".

Ele se tornou o criador do *Fledermaus* (Morcego) e do *Zigeunerbaron* (Barão Cigano). Mas os portadores do nome Strauss, de forma alguma desapareceram com eles, mas encontraram sua continuidade nos irmãos Josef e Eduard e, somente com a campanha vitoriosa dos ritmos americanos contra a bem-aventurança européia da valsa, é que sua soberania foi quebrada.

Com isso se quebrou a melodia que só pode viver na roda harmônica dos tons: quando o fundamento rítmico é despedaçado e – estremecido por síncopes – dividido, a melodia tem que recolher suas velas.

A primeira dança americana importada foi a *cake walk*, no início de nosso século. Ela era também uma dança de pares, mas, assim como as danças balouçantes que lhe seguiram, o *charleston* e o *foxtrot*, ela trouxe um relaxamento, como um todo, à coluna vertebral, sempre voltada para a postura e a tensão nas danças burguesas da Europa.

2. A marcha

Daqueles povos que um dia se converteram ao cristianismo e, com isso, abandonaram os altares dos seus velhos deuses, não existe nenhuma dança que tenha sobrevivido e que, por seu nome, ainda lembre o culto de um desses deuses – com uma exceção: a marcha. A única dança religiosa conservada até hoje é a procissão religiosa, que é aparentada com a marcha.

Surpresos, podemos perguntar: será que a marcha é uma dança? A objeção de que a marcha não é uma dança pode ser facilmente desfeita pela ciência da dança. A marcha é exatamente aquela dança que cultiva a força atrativa da dança de roda até a última consequência. O campo onde, na Roma antiga, as tropas se exercitavam, chamava-se *Campus Martius*, Campo de Marte, o deus da guerra romano, e *Champ de Mars* chama-se a famosa praça de desfiles em Paris.

A marcha, na qual vive oculto o nome do deus pagão da guerra, tornou-se a dança dos homens armados: com passos firmes e ritmados, alinhados em filas, de olhar fixo nas armas, com olhos brilhantes, com apitos e rufar de tambores, bandeiras tremulantes à frente, assim eles marcham desde sempre, os filhos do mais odiado dentre os deuses olímpicos.

A velocidade das marchas é adequada ao temperamento dos filhos das nações e aos gêneros de armas. Do antigo *passo romano*, adequado aos soldados romanos, pesadamente armados, que era executado lenta e pesadamente, até o trotar entusiasmado, lembrando um bailado, dos *bersaglieri* italianos, existem vários graus intermediários de tempos.

Correspondentemente varia a música da marcha. Os exércitos mercenários marchavam com gaita de foles e tambores. Só relativamente mais tarde é que os instrumentos de sopro de metal substituíram os instrumentos de sopro de madeira. Os *clairons*, os claros trompetes franceses, faziam retumbar os seus sinais e tornaram-se os instrumentos característicos de solo da música das marchas românicas, sobretudo nas marchas equestres.

O ritmo de marcha da tradição prussiana antiga era tocada em 'tempo 70', o mesmo ritmo da batida do coração. É um fato mágico que uma marcha eletrizante possa mobilizar as forças de vontade dos que marcham, convocando, com isso, a disposição para o emprego de um esforço físico sobre-humano e incendiando o espírito. Melodias e letras de marchas apelam às energias ativas na mobilização de cada homem, até o sacrifício de si próprio.

Diz-se de Friedrich II, o último monarca, que mais uma vez incorporou a realeza mágica, que num momento crítico, onde tudo já parecia perdido, e a batalha, só por um milagre, poderia ser decidida a seu favor, escreveu, durante a noite, uma marcha com seu próprio sangue.

Ainda nessa mesma noite, ele distribuiu esta marcha pelas bandas musicais, aos últimos agrupamentos intactos e reservas, com a ordem de se formarem, pela manhã, para o ataque, e atacar o inimigo, ao som da marcha escrita com o sangue do rei, no "compasso do coração, com armas empunhadas, através do fogo". O espírito das tropas elevado à mística de um êxtase heróico conseguiu realizar o simplesmente impossível: que um inimigo, amplamente superior em número, fosse batido e posto em fuga pelos restos de um exército já praticamente vencido.

Não se deve partir das variantes posteriores da marcha original, como 'dança de guerra', se queremos conhecer o seu profundo significado como serviço ao altar do deus da guerra; basta o regulamento dos exercícios militares para trair o seu caráter original de um exercício cúltico de Marte. Ainda quando do rei-soldado prussiano e sob Friedrich II, marchava-se, em rígida formação, contra o inimigo. Aqui a marcha sofreu um superação, como dança para a morte.

É necessário ter em vista o que para nós, contemporâneos da bomba atômica, não é tão facilmente aceito: com bandeiras tremulantes, com ritmos de tambores e música de marcha, em férreo passo cerimonial, as tropas marchavam contra o inimigo como uma muralha viva. A linha mais dianteira daqueles que marchavam para a batalha tinha que permanecer sempre sem falhas. Tão logo um homem da linha de frente caísse, o homem que marchava atrás dele devia saltar para seu lugar para preencher a falha. Aqui, da marcha utilizada nas praças de exercício, quando de sua utilização no ataque direto ao inimigo, desenvolveu-se o batismo de fogo. Aqui estavam os últimos 200 metros frente ao inimigos, a serem transpostos, em passo de ataque, através de uma chuva de projéteis. Cada um podia crescer para além de si mesmo. Ele podia ser um medroso em sua vida privada, mas, no coletivo, crescia-lhe a coragem da companhia, até o desprezo pela morte.

Ninguém que esteja seriamente interessado em soldar homens em uma unidade perfeita e fazer deles um instrumento de obediência irrestrita, que esteja pronto a seguir qualquer ordem, desprezando a morte, poderá prescindir da disciplina da caserna. O exercício no pátio da caserna é o símbolo e a base de toda disciplina militar e de todo treinamento de homens.

Sob o retumbar do passo de marcha a individualidade de cada um dos homens é fundida no coletivo da tropa. Em marcha de desfile testou-se o nível e a qualidade do treinamento e àquele a quem a parada foi apresentada, se revela o espírito da tropa. Além do mais, conscientemente, se desenvolveu o canto em grupo, como elemento essencial para o fortalecimento da vivência da comunidade.

Este exercício encontra já um paralelo transmitido por Tácito (Germania 3), numa descrição do canto germânico dos escudos, que diz: "entre outros, Hércules deve ter estado entre eles, e eles tecem loas a ele quando vão para a batalha, como o primeiro de todos os heróis. Eles também têm estas canções, que, ao serem executadas, demonstram o desfecho da luta a partir do próprio cântico. Conforme ecoa seu canto de batalha, este não lhes parece tanto ser um ressoar de vozes, mas sim um ressoar da própria coragem, uma vez que tal cântico demonstra quando enfrentam o inimigo ou quando hesitam durante a batalha. Eles prestam atenção, sobretudo, à aspereza do som e a um ruído quebrado e abafado, na medida em que eles colocam o escudo sobre a boca, de modo que o som, pelo ecoar, se torne mais cheio e profundo."

Marchas militares, marchas de desfiles, marchas de propaganda e marchas fúnebres, dominavam quase que exclusivamente a vida dos alemães, durante os doze anos híbridos. Durante os seis anos de guerra havia uma proibição absoluta de outras danças; intencionalmente, somente um ritmo era tolerado. A morte, essa bailarina eterna, tem por hábito dançar conforme todas as melodias; contudo, ela dança com maior prazer quando começa a marcha.

Se a valsa foi o último grande presente da Europa Central para o mundo, então, nos tempos da seca e do vácuo, restou, finalmente, a marcha como última dança. Ela também não nos deixou depois que a cortina caiu sobre essa tragédia sombria, permanecendo-nos fiel até os dias de hoje.

3. As novas danças

Com a tomada da Bastilha pelos parisienses, começou a agonia do minueto. Quando esta fortaleza da nobreza privilegiada foi arrasada, surgiu aquele placar que anunciava o fim de uma luta revolucionária vitoriosa com as palavras: "ici l'on danse" (aqui se dança). Os locais, onde antes houvera prisões, foram declarados praças públicas de dança. Não se pode pensar maior contraste do que prisioneiros abatidos e pessoas que dançam, jubilosas, a libertação.

Nasceu assim a *carmagnole*, uma impetuosa dança de roda do povo francês. Seu ritmo é comparável com o de um rápido *Rheinländer*.[5]

Os movimentos cortantes e saltitantes, o girar e o balançar impetuoso caracterizam o carmagnole como a dança revolucionária do povo. Ela acabou com os passos medidos do minueto, que haviam cultivado e apresentado a relação entre cavalheiro e dama até a mais completa perfeição. Contrariamente, a carmagnole era uma dança de roda que originalmente exprimia o cerco da Bastilha. O barrete frígio transformou-se em boné da liberdade.

O alegre compasso ternário do ländler, que está contido no carmagnole, foi, desde sempre, uma dança dos francos. Desde o início da idade média, volteou-se neste compasso, que foi marcado com os pés, em incontáveis variações, observadas e descritas. O mundo do minueto desaprovou esta marcação, mas, também, quase todas as danças palacianas

---

[5] *N. T.*: Rheinländer, *no caso, é uma polca saltitada, ou polca bávara, que surgiu em meados do século 19.*

com figuras, como a *Pavane*, a *Passepied* e a *Sarabande*, também proibiam a marcação e o giro rápido.

Cada cultura pressupõe um alto grau de cuidados e de exercícios – ao lado do dom de dar a forma e da fantasia criativa. Quando nós hoje tomamos a palavra, num olhar para trás, para estas formas recreativas de vida, devemos lamentar que tenha se perdido um meio de ensino, de validade geral, para a manutenção e o desenvolvimento do sentido para verdadeiras comunidades. Formas do festejar, fontes do prazer artístico no movimento, do amor à ordem e da consideração para com os outros, outrora palpavelmente vivos, são hoje tão somente reminiscências. Nossa sociedade, tornada amorfa, que há muito cessou de ser, no antigo sentido, uma sociedade, após a época do surgimento da polca e da valsa não estava mais em condições de criar novas danças. Na Europa Central, a época da valsa foi a última fase criativa em termos de dança. A polonaise, a mazurca e a polca da Boêmia, vindas dos eslavos, assim como o krakoviak, por algum tempo, ocuparam seu terreno em algumas regiões. Contudo, a forma forte destas danças e seu vocabulário de passos, por vezes complicado, fizeram com que elas não conseguissem lançar raízes no seio das massas. O crescimento rápido das grandes cidades, o processo de industrialização progressivo no século XIX, o crescimento do proletariado nas cidades e nos campos, levaram a que as danças próprias de cada paisagem e a cultura camponesa autóctone dos agrupamentos raciais europeus fossem cada vez mais reprimidas. As comunidades das aldeias, ainda estruturadas patriarcalmente, foram dissolvidas pela maneira de pensar industrial e citadina, sendo assimiladas por elas mesmas. Assim, finalmente, somente em algumas poucas áreas de refúgio, no leste e no sul da Europa, é que permaneceram preservados restos da antiga cultura popular, em trajes e costumes. O motor, a mecanização da produção agrícola e o estilo de vida citadino repeliram-nas até os cantos mais retirados das diversas regiões.

O alastramento global da civilização colocou o homem branco em íntimo contato com as pessoas das culturas primitivas. Ao lado da pesquisa da própria cultura, abriu-se, para os etnólogos e arqueólogos, a possibilidade do estudo dos amplos campos das culturas da África, da América e da Austrália.

O impulso latente de nossa era de pesquisar as origens mostrou o caminho a todos os ramos da ciência.

Em todos os ramos das artes, recuou-se para a lei, que faz parte de cada uma, que lhe é latente, que lhe é própria desde o princípio. O sentimento da falta de raízes despertou a procura por novas ligações, por clareza, pela lei que vale para além do tempo, pela qual o novo deve ser iniciado. À falta de raízes no plano espiritual corresponde também a atitude errática de milhões de pessoas.

Como na Europa Ocidental as forças criadoras das danças de rodas e danças tradicionais estavam praticamente vencidas, fez-se valer a curiosidade e o interesse geral pelos ritmos estrangeiros. O ritmo total da vida nas grandes cidades da civilização ocidental, os ritmos coercitivos das máquinas, a pulsante cortina de ruídos que não se rasga jamais e as miríades de fenômenos sonoros, que continuamente penetram os ouvidos das pessoas, dia após dia – tudo isso deve, em nossos dias, inapelavelmente, influenciar a música, enquanto arte do ouvido. Dissonância, síncope, música atonal, o elemento construtivo, a abstração e, finalmente, a 'música concreta', como consequências da introdução da técnica na criação musical, caracterizam o desenvolvimento. Por último, a participação das pessoas, sua voz humana, torna-se parte da montagem, dentro de um processo de fabricação musical. A organização é assumida pelo arranjador.

Há muito tempo que uma grande indústria, que floresceu, assumiu a produção de música de dança. As fábricas de música produzem, sem cessar, novos discos, com sucessos dançantes que, conseguem atingir centenas de milhares em uma tiragem. Os consumidores são milhões de famintos por música, principalmente os jovens de todos os países. De incontáveis toca-discos, rádios, *musicboxes* e toca-fitas ressoam os ritmos de dança, cuja duração de vida de cada um, frequentemente não passa de um mês. Confessadamente, eles são produzidos só para um efeito instantâneo, mas calculado, sobre a grande massa dos consumidores.

Para a publicidade de bons *hits*, que prometam ser um estouro, são necessários os cantores-estrela, que são criados pelas firmas e vêm completar o time composto de produtor, autor e arranjador.

Como a indústria da música depende de produzir sempre novos ritmos e canções com apelo popular, ela tem interesse em que a mania pelo novo seja continuamente estimulada.

Por trás deste processo diabólico de produção, por trás de sua fachada leve e risonha, oculta-se porém um profundo pessimismo.

Nas danças de nossos dias pode-se reconhecer tudo o que é característico de nossa época. Não se pode ignorar o fato de que a paisagem anímica das pessoas, destroçada pelas guerras e revoluções, teve que assimilar os ritmos irregulares e as síncopes chicoteantes das novas danças. Quanto mais as novas danças pareçam incompreensíveis, em sua forma orgânica distorcida, ao ideal de beleza burguês, tanto mais a juventude se entrega, sem inibições, à embriaguez desses ritmos novos e selvagens e ao desejo da aventura de ritmos em colisão, como num espumante encontro de águas. Os ritmos do jazz, tal como a água, sem que se pudesse impedir, se infiltraram num terreno ressequido, que já havia se cansado dos ritmos monocórdicos das marchas. Uma nova juventude se entusiasmava com a sua própria paixão por estes ritmos. O rei Jazz chegou, viu e venceu!

É como se a humanidade houvesse retornado às suas primeiras e mais antigas danças. Danças de uma embriaguez selvagem, zombando de qualquer festividade ou linha estética. Elas surgem como uma revolta contra a forma e a ordem transmitidas: um rasgar, bater de pés e saltar, flexionar e esticar, tocar e agarrar, perder e reencontrar. É bem evidente que se manifesta aqui o desejo espontâneo de liberar e gozar plenamente a vitalidade contida.

Ritmo de trabalho, quota de desempenho e cumprimento de prazos exigem o mais alto grau de disciplina e atenção. O compasso inexorável do aparato ameaça, muitas vezes, sufocar todo o prazer do trabalho. Finalmente, vacilando entre reagir e adaptar, pode-se ter refletido, muitas vezes, sobre o que fazer para conseguir uma compensação. Através da disciplina unilateral do trabalho industrial, em geral, uma parte essencial das energias permanece sem ser utilizada. Assim, as pessoas se encontram, preferencialmente, nos lugares onde os mais novos ritmos de dança, numa intensidade sonora incessante, ajudam a, no verdadeiro sentido da palavra, 'sacudir' todos os gestos mecânicos do quotidiano e a tensão da alma coagida. O lúcido, porém, vê a dor, que é colocada como guardiã às portas da realidade. Ele sente como o espírito criativo é torturado, aqui, por um demônio, aparentado com o caos, que, com a máscara risonha, anexou seu espaço de vida. Na dor, contudo, nós nos forçamos à ação, segundo um querer primevo. Quando o perigo ameaça, a dor afugenta a defesa do ser que de forma alguma serve à sua continuidade.

Na dor não valem questões de cálculo de sucesso e perspectivas; na dor, nós agimos a partir de um medo original, o medo por nossa existência. Mas ela também vale como um aviso coercitivo de um esmorecimento na luta pela preservação da própria forma e pela mobilização da defesa contra um automatismo inumano, que a tudo mata, que deve conduzir à perda do Eu.

Todos os povos históricos são jovens em seu intelecto; a aproximação ao saber como totalidade ainda está a uma grande distância temporal. Ao aspecto lógico falta a visão do futuro e assim, em última análise, o saber das correlações do todo.

"O nosso saber é uma obra incompleta", ensinava Paulo; ele também experimentou a visão, pela qual ele tentava ordenar as suas atividades humanas num plano desejado por Deus, que culminam naquelas palavras sintetizadoras da bíblia e valem, ao mesmo tempo, como ensinamento sobre o fim de todos os dias: "e o tempo não mais será". Este dito, porém, tem o valor delicioso de uma profecia e dispõe sobre o nosso futuro último.

Quando relacionado à dança, ele sempre nos abre no tempo o acesso ao religioso, no sentido de uma recondução ao criativo original. Esta é uma dimensão da dança, que, em nossos dias é, mais uma vez, conscientemente buscada e vivenciada.

4. A dança na pedagogia e na terapia

A dança é um dos meios mais destacados da pedagogia criativa.

Em nossa sociedade industrial e de desempenho, a educação é hoje, cada vez mais, um condicionamento de comportamento, que só permite o desenvolvimento e a realização pessoal de forma insatisfatória.

O Homem construiu para si, no quadro das ciências naturais, um universo racional, lógico e mensurável. Por mais grandiosas que sejam as conquistas destas doutrinas, tanto mais unilaterais elas são. O mensurável e o funcional têm um pólo contrário: o incomensurável. Ambos, porém, pertencem ao homem.

Como contemporâneos de uma sociedade altamente apurada de um assim chamado sistema educacional científico, sofremos todos de uma divisão interior, da perda da unidade. Espírito-corpo-alma não vibram mais conjuntamente. Entre razão e consciência existe um desequilíbrio perigoso. Em alto grau nós transferimos nossas capacidades humanas às próteses de nossos espíritos, às máquinas. O pressionar de um botão é suficiente!

Isto deveria expandir e enriquecer o nosso espaço de vida, contudo, realização de desejos e satisfação não se deixam sintonizar. Ao contrário, aparecem, num grau crescente, exigências muito grandes, estresse, crises existenciais, neuroses, doenças da alma e suicídios.

Vida é movimento. Onde as funções do movimento estão perturbadas, evidenciar-se-ão consequências nos comportamentos de vida e vice-versa. É um fato: em quase todos os casos clínicos-psiquiátricos, quer se trate de perturbações de comportamento psicógenas ou condicionadas pelo meio, ou sejam prejuízos somaticamente condicionados, pode-se comprovar perturbações mais ou menos fortes das funções do movimento e do transcurso do movimento. Em longos anos de trabalho, juntamente com pedagogos de escolas para excepcionais, psiquiatras e pedagogos de cura, na clínica Heckscher em Munique e no departamento de pedagogia para excepcionais, da Philipps-Universität, em Marburg/Lahn, adquiri a experiência de que a dança tem, em alto grau, um significado terapêutico e de pedagogia de cura.

Hoje sabe-se sobre a interdependência e a conexão entre as funções do movimento e as funções psicofísicas. Na pedagogia de cura, conhecemos as perturbações que frequentemente surgem em crianças e adultos que não puderam satisfazer as suas necessidades de movimento. São, frequentemente, graves perturbações no processo de desenvolvimento geral dos movimentos físicos e espirituais (dismelia ou má formação dos membros na fase embrionária; hospitalismo; inibições e medos; dificuldades de contato etc).

Aqui a dança se oferece como um campo pedagógico altamente funcional, aspirado e aceito principalmente pelos jovens.

Que a dança educa o homem como um todo, é hoje uma teoria amplamente reconhecida e já aplicada, em muitos lugares, como um meio educacional funcional. Ela exige adaptação e integração, cria equilíbrio e libertação, dá asas à fantasia, relaxa e solta, e oferece um plano a partir do qual se pode acessar a multiplicidade da educação.

A formação harmônica da personalidade exige também uma relação positiva para com a comunidade. Um jovem que ainda não se encontrou, ainda trabalha as pré-condições que o tornarão capaz de viver em comunidade. Por outro lado, a capacidade de viver em comunidade manifesta-se de novo na harmonia interior de cada um e a influencia num sentido positivo. Para este encontrar-de-si-mesmo, bem como para o encontrar-da-comunidade, a dança se oferece como meio pedagógico ideal.

Como pedagogo, acredito que cada um tem a sua própria problemática, quando se sente inadaptado em uma sociedade obstinada e mesmo assim aspira a um encontro verdadeiro com os homens. Só na dança é que parece que a revolta teimosa dos jovens, contra o tradicional, está ausente. O jogo dos jogos provoca o sentido para a regra, a lei, a ordem e o equilíbrio. O suor derramado nisto sempre me foi prova suficiente da verdadeira intensidade e entusiasmo com que os estudantes de dança tomam parte nestes cursos.

A dança oferece, aplicada pedagogicamente no sentido correto, o desenvolvimento do movimento, do espaço de execução do movimento, do ritmo, da ordem, da expressão da música e do movimento, da referência espacial, da referência do eu e do parceiro, da referência da comunidade, num plano mais elevado do ser. Um fazer, portanto, não no sentido usual objetivado, mas, sim, pleno de sentido e destacado do quotidiano, no sentido do festivo e, com isso, direcionado para o próprio ser. O professor de dança deveria, basicamente, evitar ensinar a sua dança com o livro em sua cabeça. Música, coreografia e a linguagem de aula deveriam formar uma unidade, pois, no sentido de uma ação, a dança é menos pedagogia (como disciplina científica), mas, sobremaneira, formação humana.

O prazer na convivência conjunta e entusiasmada tem prioridade aqui. Enquanto que a ciência visa uma constatação, o bailarino busca o movimento vivo. Exatamente para isto as danças européias de roda e de grupo são especialmente adequadas como modelos de uma relação em comunidade. Nestas formas elementares de danças existenciais o homem se confronta com seus próprios impulsos e necessidades, carregados de conflitos e tensões, assim como suas intenções de relacionamento. Dançando ele procura exteriorizar, exprimir e eliminar. Com isto ele tenta se relaxar e se organizar.

Deveria ser a aspiração de uma sociedade o estímulo de fatores constitutivos da personalidade, assim como a educação de pessoas criativamente participativas.

A dança é uma oferta desta ordem. Onde pessoas dançam umas com as outras, elas se educam e se formam a si mesmas.

IV. A Alta Escola da Dança Clássica

1. Da história

As mais antigas atividades de culto são um Abrir-Se, um Movimentar-Se em direção à luz, um Sintonizar-Se na luz, um Dançar para a luz.

Assim também a celebração da missa cristã é, nos últimos restos de seu desenvolvimento e de sua linguagem de movimento como dança ante a divindade, uma lembrança da oração dançada. No entanto, já há muito tempo deixamos o 'dançar' única e exclusivamente ao padre. Nós, como coro de oração, somos hoje quase que apenas consumidores imóveis: damos de longe breves e leves sinais, um mero eco das atividades no altar lá na frente. A dança como o mais antigo culto, como a mais fugaz e impalpável arte, manteve-se, ao longo dos tempos, como uma escola singular. Esta é, em seu método e disciplina, uma ininterrupta tradição magistral de cunho europeu – a alta escola da dança clássica. Os mestres desta arte da dança são tidos como portadores de uma tradição de culto que se manifesta na interiorização objetiva do exercício clássico, que, em sua ordem e método, nos foram transmitidos de uma forma intacta.

Esta dança tem sua origem naquela época, pois ela não era ainda uma arte independente, mas sim estreitamente ligada a conteúdos cúltico-religiosos, cultivada como parte de cerimônias rituais, tendo assim um caráter místico e religioso. Podemos facilmente imaginar que danças e danças de roda, na medida em que constituíam um bem comum de um grupo social, foram transmitidas de geração em geração desde os tempos mais antigos. Da mesma forma como a linguagem será sempre transmitida de pais para filhos. Uma linguagem é, porém, uma realidade social de primeiríssima ordem, que se impõe a cada indivíduo pela necessidade existente de aprendê-la.

Podemos fazer valer estas mesmas premissas também para a dança? Se considerarmos nossa experiência junto aos povos primitivos ou às sociedades de intelecto prelógico, podemos, sem dúvida, responder positivamente a esta questão.

Neste contexto a dança assume, segundo informações de observadores, uma função extremamente importante. Temos de estar preparados também, para encontrar a dança, muitas vezes, como uma linguagem altamente desenvolvida. Onde a linguagem não chega, começa o gesto pantomímico e a dança.

Todas as excitações da alma, não só de natureza individual mas também coletiva, encontram na dança sua imediata expressão.

Todos os tipos de cultura baseiam-se necessariamente num todo de ideal comunitário. Se olharmos a história da dança, podemos ver nitidamente que nas sociedades onde diminui a tendência de desenvolvimento, também as ideias coletivas, que encontram sua expressão mais marcante nas danças comunitárias de todos os tipos, desaparecem em favor do processo de individualização.

Mas tão logo os conteúdos não sejam mais sentidos de forma viva, também as formas perdem seu sentido e as danças são esquecidas.

Olhemos o desenvolvimento da Europa no início dos tempos modernos. Começa aqui o processo de desenvolvimento individual com a época do renascimento da antiguidade, a Renascença. As ligações místicas e religiosas perderam gradativamente o seu poder. O homem pensante começa a vivenciar separadamente as funções básicas da consciência: reconhecer, sentir e querer. Ao aprender a se comportar de forma puramente contemplativa no pensar e ao constatar as imagens objetivas da percepção sensorial, o homem cria as bases do pensamento científico. Seu intelecto se abre para os ensinamentos da experiência. Aliado ao conhecimento dos grandes pensadores da antiguidade, o homem começa de novo a compreender a si mesmo e ao mundo, segundo as leis da lógica. Desperta uma nova consciência. Mas com isso o homem começa a transformar a arte em objeto lógico do pensar e a expô-la a seu julgamento crítico.

Este era o clima dentro do qual a dança, gradativamente, começou a se desenvolver como um ramo da arte conscientemente moldado. O ideal antigo do ser belo e do ser bom, do ser humano livre e controlado pela razão, influenciou as ideias dos espíritos da época.

68

Tão logo o homem se faça objeto do seu pensar, ele necessariamente tem que reconstruir e refazer a imagem de si mesmo. Mas, quanto mais o pensamento lógico, em todas as operações do espírito, faz valer suas leis, tanto menos ele tolera falta de clareza e contradições e tanto mais irredutível contra premissas místicas indemarcáveis ele se torna.

As escolas superiores de arte da dança e da música cresceram a partir das pré-condições deste tipo de pensamento lógico. Desde o século XVI, e, começando na Itália, muitos mestres geniais da dança trouxeram sua contribuição, pedra por pedra, ao longo dos tempos para a estrutura do ensino da alta escola do balé. Correspondentemente à academia de música, a escola do balé desenvolveu uma ciência da harmonia do movimento. Nisto houve o apadrinhamento do cenário das formas e das proporções clássicas da antiguidade grega.

Cada época, com seu estilo próprio, como o racionalismo, o iluminismo, o classicismo e o romantismo, desenvolveu ainda mais esta imagem do homem, cuja educação física e cunhagem eram colocados como objetivo da escola de balé clássico. A fundação histórica do balé clássico remonta a Luís XIV e à sua *Académie Royale de Danse*, criada por ele em 1661. Ele reuniu, em sua corte, um grêmio de mestres da dança, que viviam no seu reino, a fim de elaborar sistematicamente um plano didático da escola de dança e para unificarem o vocabulário relativo à designação dos passos. Desde então, nos salões de balé, comanda-se em francês.

O próprio rei, quando jovem, foi um empolgado bailarino, teve aulas regularmente e participou como solista dos balés idealizados por ele mesmo. Desta forma o 'Roi Soleil' elevou à categoria de uma arte real, esta, que derivando de raízes da antiguidade, é a mais antiga das artes, e que até então havia atuado através de ocultos centros de ensino.

Depois que esses centros de ensino da dança desapareceram, restou o teatro como local de abrigo da alta escola da dança clássica.

Desde esta data memorável para o balé clássico europeu falamos de dança acadêmica, cuja disciplina e método nos são transmitidos até hoje.

A matemática universal encontra a sua mais brilhante aplicação nesta academia da dança, que tem suas raízes naquela harmonia eterna também existente na estrutura básica do nosso universo e na realidade de nosso espaço-tempo, fato já ensinado por Pitágoras desde os tempos mais antigos. O sistema desta escola tem como base o saber e o conhecimento das pessoas, na sua função e na sua posição no mundo, colocando, a partir de seu conceito, uma tradição de disciplina mental ao corpo.

O fato de que a alta escola do balé clássico se tornou, gradativamente, desde o século XVI, um acervo europeu, fazendo parte integrante da sua herança cultural, fala por si só. Além disso, esta escola foi cultivada por todos os povos cuja cultura e vida espiritual sempre se inspiraram na fonte inesgotável da antiguidade, como a forma acadêmica da cultura da dança.

Um mecanismo tão abrangente, com sua técnica apurada até o mínimo detalhe, seu imenso vocabulário relativo aos passos, corre, evidentemente, de tempos em tempos, o perigo de se endurecer, de se bastar a si mesmo, ou seja, tão logo a atividade mental, que encontra aqui a sua expressão, se aproprie dele e comece a edificar todo o sistema para fins próprios.

Também a escola clássica teve seus tempos de crise. Contudo, sempre surgiram mestres apaixonados pela dança viva que se engajaram no sentido de não permitir que sua arte se petrificasse no formalismo. Lembre-se aqui, principalmente, das coreografias de Jean Georges Noverre, cujas *Briefe über den Tanz* (Cartas sobre a Dança) foram traduzidas, para o alemão, por Lessing.

Enquanto a escola do balé clássico permanecer em contato com a realidade, consciente de que todos os conceitos devem ficar figurativos e só se devem alterar segundo os ensinamentos da experiência, só assim, verdadeira e propriamente, ela poderá ser chamada clássica e continuar vivamente a se desenvolver.

O desenvolvimento técnico do balé clássico foi elaborado ao máximo pelas gerações de mestres dos Vestris e dos Viganos, que atuavam em Milão e Viena durante o período do classicismo, vivendo seu apogeu nos anos 1830-1870. Ao século XIX coube o desenvolvimento da dança nas pontas dos pés.

Este é a expressão artística da escola pré-romântica, que também começou a criar o cenário. Esta, por outro lado, era um subproduto do progresso técnico. As escolas de Petersburgo e Moscou completaram o apogeu clássico da arte da dança conseguindo que representantes das escolas russas de balé fossem considerados, desde há muitos anos, os melhores de seu ramo. O direcionamento às peças puramente decorativas e aos efeitos através da destreza a todo o preço, a degeneração do esteticismo puro, os meros jogos de forma, bem como esvaziamento de conteúdos, ameaçam constantemente a arte clássica da dança. Apesar de todos os esforços visando a formação artística na dança clássica, ao fim de tudo, será sempre decisivo o fato da compreensão do homem sobre o homem e sua importante tarefa cultural ser considerado. Permanecerá sempre uma fonte pura de alegria e entusiasmo observar e compreender o mundo e o homem em harmonia, segundo o exemplo perfeito da arte da dança clássica.

2. O aprendizado

A arte da dança clássica em seu rigor e em sua genial simplicidade baseia-se numa profunda compreensão das funções do corpo humano e suas articulações. Ela também satisfaz a todas as exigências do homem como *homo religiosus,* que anseia por uma unificação com o seu criador: dançando ele caminha para esse objetivo através do sacrifício diário de dedicação, da limpeza de todas as impurezas e pela aceitação da dor nessa eterna caminhada a pé.

Bernhard Wosien durante um seminário

Estúdio de balé
Victor Gsovsky, Paris, 1961

É a colocação mental de objetivos que visa não só a técnica perfeita no domínio da disciplina. A técnica, contudo, significa uma fase essencial durante a formação e tem que ser atravessada. Ela é fundamental para o esclarecimento dos conceitos e para o processo de conscientização. Uma vez aplicados à dança, exige-se que o bailarino cresça para além da técnica afim de que ele e a dança se tornem um e é somente através dessa união que surge a obra de arte. Pois que toda arte nasce a partir do inconsciente e atinge a perfeição a partir de uma ligação com as forças do consciente. No balé perfeito a técnica parece se oferecer aos pés, por si própria, como caminho, mesmo quando este seja completamente novo e represente o primeiro passo para o desconhecido. O balé erudito, uma vez representado de forma grandiosa, parece ser um pura manifestação da natureza, entusiasmando-nos com cada imagem da totalidade sensorialmente plena.

O método didático da dança clássica caracteriza-se por: demonstração, imaginação e imitação e por incansáveis repetições. Da parte do aluno requer-se sobretudo confiança e veneração incondicionais para com o mestre. Da parte do professor faz-se necessária uma consciência de responsabilidade, paciência e sensibilidade para com a individualidade do aluno e, o que é muito importante, disponibilidade real do tempo necessário.

Desde as primeiras lições os exercícios são acompanhados por música, ou então, apoiados por instrumentos rítmicos.

Professores de dança clássica não gostam muito de dar longas explicações. O professor conduz e intensifica os exercícios, harmonizando o acompanhamento musical a eles e obrigando o aluno a um esforço consciente, mesmo quando suas tentativas pareçam inicialmente ser em vão. Quantas vezes justamente os alunos dotados não perdem a autoconfiança por algum tempo devido às dificuldades colocadas. Em decorrência disto, surgem perturbações, retrocessos mesmo, acompanhados de desânimo. Sobretudo, um aluno deve aprender copiando a partir de um exemplo. Os exercícios do aluno são acompanhados pelo mestre com calma e paciência, sem pressa, de forma a jamais causar no aluno qualquer nervosismo. Passo a passo seguindo o lema de dispor de todo o tempo necessário, é que se consegue firmar as bases primeiras com maior fundamento. Ao artista já existente no jovem aluno, raramente é bom falar. Por outro lado – caso surjam determinadas atitudes no aluno – o professor deveria remeter o aluno para o lado objetivo e laborioso de sua arte e aperfeiçoar o desempenho da técnica. Muitas vezes acontece que alunos artisticamente dotados se debatem com a técnica no início, sentindo-a como incômodas algemas e como uma limitação antinatural.

Mas com o tempo aumenta a capacidade de concentração da força interior e física e a capacidade de suportar fortes tensões. Assim aquilo que inicialmente foi sentido como uma forma imposta, passa, gradativamente, a se tornar naturalmente incorporado. Todas as regras e limitações revelam-se como pré-requisitos para ter em mãos a chave da libertação. A tensão psíquica e corporal que, por algum tempo, foi sentida como excessiva, transforma-se em uma força de sustentação.

Aula de saltos

Aula de balé

O domínio aumenta. Na realidade, trata-se de um processo de iniciação gradativo: crises e dores superadas capacitam o aluno, transformam-se em forças potenciais e apuram o entendimento das leis artísticas. O aluno, uma vez liberto das inibições da técnica porque passou a dominá-la, conseguirá, a cada ano, seguir sempre melhor e com maior facilidade as propostas artísticas.

Na relação entre professor e aluno, o professor fundamenta o sucesso do seu esforço na confiança do seu aluno. A admiração do aluno, por sua vez, encontra a acolhida necessária no sentido de responsabilidade do professor em relação à elevada tarefa. Precisamente no exemplo de uma instrução numa questão tão prática, fica claro que ensinar também significa orientação espiritual. O instrumento do bailarino – isto está na natureza da coisa – é o seu próprio corpo. Este fato obriga-o a desenvolver e a preparar seu corpo como instrumento de sua musa. Parte-se do princípio de que estejam presentes no aluno o amor à causa, saúde, resistência, necessidade de movimento e elasticidade, bem como um instrumento harmonicamente proporcionado. Na verdade, para um bailarino ainda são necessárias uma série de outras capacidades e dons, o que realmente é raro: é necessário uma convergência feliz de uma série de diversos fatores.

Uma musicalidade muito especial é um dos pré-requisitos básicos. Um bailarino, como se costuma dizer, tem que ter a música no sangue. Esta caracterização é tão significativa porque assinala, simultaneamente, a interligação entre musicalidade e sentido de ritmo. Os verdadeiros talentos da dança geralmente revelam uma necessidade não reprimida de movimento, que se exprime no nível emocional, no prazer do movimento. É daí que surge a dádiva da musa de transformar em movimento impressões musicais e rítmicas com espontaneidade.

O que caracteriza o verdadeiro talento da dança é este dom de poder se deixar excitar de tal forma pela música e pelo ritmo, que se encontre, imediatamente, uma expressão dinâmica do corpo, ou seja, esta capacidade imediata de tradução da música rítmica em movimento.

Esta capacidade é inata. Durante o processo de formação do bailarino desenvolve-se, principalmente, em maior ou menor grau, o potencial inato já existente.

A técnica clássica é, entre outros, e enquanto tal, o ensino da harmonia do movimento e, como já foi dito, um ensino do equilíbrio. Por isso o sentido de equilíbrio, durante o estudo da dança, ganha uma importância e um desenvolvimento muito especiais. O sentido de espaço é aprimorado através do direcionamento do corpo, no sentido da roda dos ventos, no espaço, bem como a precisa divisão do espaço num sentido geométrico. Inicialmente o ímpeto de movimento e a alegria de expressão do aluno são postos à prova por longo tempo. O fato de que o instrumento de arte é o próprio corpo condiciona, e isso o aluno é obrigado a aprender rapidamente, a se distanciar interiormente do seu corpo. Ele tem que tomar conhecimento do corpo conscientemente, entendê-lo e vivenciá-lo em seu complexo mecanismo.

O exercício é elaborado no sentido de uma análise, de tal modo que o aluno reconheça, sistematicamente, a articulação do corpo. Ele aprende a denominar e a ordenar os passos, os saltos, as posições e as fases do movimento. O professor mostra cada passo, primeiro na forma esquemática mais simples e, por fim, no movimento de dança completo. Cada grau de domínio recém-conquistado é repetido muitas vezes, de modo que, no final, as posturas básicas e os movimentos se tornem parte integrante e propriedade do aluno. O ideal é que não se comece cedo demais com este aprendizado sistemático.

Port-de-bras

Aula de salto

Antes dos nove anos de idade raramente já estão presentes as pré-condições físicas necessárias para iniciar um trabalho sério de preparação.

Além do mais, poderia ser demasiado cedo para confrontar uma criança de tenra idade com uma atividade tão sistemática. O tempo médio dos exercícios clássicos devem corresponder, tanto quanto possível, ao ritmo cardíaco (70 batidas por minuto). É conhecido, que uma pessoa, andando no ritmo cardíaco, aguenta andar mais.

O envolvimento com esta profissão desenvolve, além do sentido de espaço, o sentido para a forma e linha e uma forma muito especial de interação destes elementos, paralelamente à ideia de movimento e do desenrolar do movimento. O aluno apercebe-se por fim da complexidade desta interação entre música e dança, quando se trata de harmonizar a execução das duas coisas e, em cada fase, memorizá-las, de forma reprodutível. Ritmos e sons são traduzidos em fases do movimento, incluindo tensão por tensão, forma por forma e linha por linha. Inúmeros movimentos dos membros e do corpo (até a exata posição dos dedos) o comprimento do salto, as medidas de espaço e de direção são cunhadas no cérebro e definitivamente fixadas.

Os principiantes costumam ser descontraídos por mero desconhecimento. Descontração também caracteriza o mestre. O mestre, entretanto, possui o controle da 'descontração' a partir do momento em que esta se tornou 'estrutura', ou seja, o mestre surge com uma nova força de ação imediata: a capacidade de expressar o 'movimento' apesar dos meios.

Todas as regras e limitações são os pré-requisitos para ter em mãos a chave para a libertação, pois a escola clássica da dança é o ensino da harmonia dos movimentos e, como tal, um ensino do equilíbrio, uma gramática da linguagem do movimento.

Longo é o caminho para o domínio dos meios e para a maestria. É um caminho manifesto de se autoconhecer e de se descobrir, porque se é obrigado a colocar-se a si próprio como objeto de seus esforços para atingir seus objetivos.

Quando a firmeza necessária é atingida e o aluno foi educado para o permanente autocontrole, começam os difíceis *pas*. Quando chega a vez dos grandes saltos e variações de passos, a condição básica é um corpo bem treinado. Para tanto é necessário um estudo de muitos anos. O estudo da dança propriamente dito começa com o apuramento das formas e das linhas nas posições e movimentos. No adagio e no allegro o aluno começa a harmonizar sua disposição corporal com a composição artística.

Nos primeiros três anos monta-se o sistema, o esquema. Os tendões e os músculos já se reforçaram, o que *en dehors*, a elasticidade e a capacidade de salto se desenvolveram. Com isso, à facilidade na execução também se adicionou a correção da postura e do movimento. Resumindo, todo o desempenho do básico já se transmutou em carne e sangue.

As bases são as mesmas para ambos os sexos. Às moças é reservada a dança nas pontas dos pés, enquanto que os rapazes são treinados no aperfeiçoamento dos saltos. A dança nas pontas atingiu o máximo de perfeição, sobretudo através da escola italiana (Cechetti). Este tipo de dança não é treinado pelos rapazes. Não se deve começar com ela muito cedo. Sua técnica desenvolveu-se no início do romantismo. Aqui, no sentido de uma ilusão, foi realizada a aspiração de uma leveza absoluta. Durante o romantismo, no período áureo da dança clássica nas pontas dos pés, um elfo, flutuando na dança e liberto da ação da gravidade, era uma imagem típica dos palcos.

Pas de deux

A dança nas pontas dos pés é uma matéria que exige o mais completo domínio do corpo e da técnica dos pés. Os palcos de dança são inimagináveis sem ela. Para a sua realização foi elaborado uma sapatilha especial. Uma sapatilha, assim como um violino, deve ser construída por um mestre da arte. O domínio da dança masculina é o salto (*élévation*). Aqui o bailarino encontra um meio de exprimir elasticidade e leveza. O salto na dança não é avaliado pela sua altura real. Um salto por mais alto que seja, se for desprovido de expressão, é um mero desempenho acrobático.

A avaliação de uma elevação, tem como base as seguintes regras:

1. élévation   (elevação)
2. ballon   (altura do salto)
3. réassemblement (recolhimento)

A postura que o bailarino toma, flutuando, no instante em que atinge o ponto mais alto do salto, é que atribui ao salto sua expressão artística. Somente a realização destas condições definem o salto clássico, uma vez que todas as fases tenham sido treinadas e buriladas separadamente.

A dança nascida do fogo primevo da paixão, das profundezas do inconsciente, este sonho, de movimento selvagem, reconfortante, que não tem início nem fim, foi conjurada e exorcizada. Foi dissecada em inúmeras fases do espaço-tempo. O número e a medida, a ordem, o início e o fim, o ritmo, a melodia e o compasso foram, cada um, descobertos, compreendidos e vivenciados, separadamente, como fatores criadores da forma. Quem se submeteu a esta iniciação, pode afirmar que caminhou, passo a passo, sem piedade, e, em muitos aspectos, dolorosamente.

3. O ensino das posições como meditação em cruz

Algumas tendências básicas da escola do balé clássico devem ser mostradas aqui, deixando claro o essencial da imagem humana que se pretende modelar.

As regras e princípios da escola do balé clássico baseiam-se num conhecimento exato da estrutura do corpo e da mecânica que lhe é própria, ou seja, o conhecimento do homem como um ser articulado. Os contornos dos movimentos são detalhadamente definidos de acordo com uma lei harmonico/estética, uma lei que evidentemente existe no íntimo de todos os homens como o ser interior da sua forma exterior.

No início desta escola de movimento está o ensino das posições e, sobretudo, o aprendizado da postura ereta. O homem é uma coluna reta, verticalmente de pé, segundo o eixo do crescimento e da consciência. Por isso, o abc dos exercícios da dança clássica exige, mesmo com a mais intensa atividade das articulações, a manutenção da verticalidade.

A vertical é considerada como o eixo do tempo, uma vez que o homem cresce no sentido vertical, tornando-se maior com o passar do tempo.

Como segundo objetivo do ensino da postura está a educação do 'para fora', da postura aberta, ou seja do direcionamento determinado no sentido da horizontal, como aquele eixo que permeia a relação do homem com o mundo exterior e o mundo à sua volta. É o eixo que, por assim dizer, se move do Eu para o Tu ou para a Alteridade. Ele se baseia no espaço. A estrutura da escola de dança clássica se baseia nestas duas coordenadas (figura abaixo).

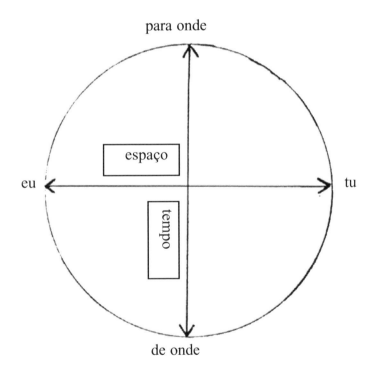

Eixos do espaço e do tempo na dança

Bailarina

Por mais que, ao longo dos séculos, geniais mestres da dança tivessem contribuído para o teoria do balé clássico, nada mais fizeram do que variar a formação da mecânica do corpo baseada na estrutura destes eixos que se cruzam. A fixação do centro de massa físico, é treinada com a ajuda da barra fixa que é colocada na altura das ancas.

O ensino da postura que deve dar o fundamento estático, tenciona o corpo nas sete direções seguintes: o centro, em cima, em baixo, em frente, atrás, à direita e à esquerda. Em função desta colocação do corpo durante o exercício o esquema de movimento das articulações é rigidamente determinado, equilibrado e harmonizado pelas leis do equilíbrio.

O método da escola clássica analisa a dança como expressão da máxima mobilidade, em dois estados extremos: imobilidade[6] e movimento. Uma premissa da escola clássica diz que o movimento só é conhecido na imobilidade. Isto significa que o movimento só enuncia algo quando ele reflete a calma interior. Por isso na série de disciplinas às quais o aluno de balé tem que se submeter, o ensino da postura está em primeiro lugar. É o ensino da ordem estática, da postura do corpo e das articulações no estado de repouso que aqui, avaliada através da dança, é ao mesmo tempo o movimento em repouso.

Se reconhecermos estas interrelações, então poderemos definir o passo da dança clássica dizendo o seguinte: um passo só é percebido como movimento quando, pelos seus limites, este movimento, e nenhum outro, é exigido.

O encontro humano de um com o outro e de um contra o outro, na dança, surge de forma simbólica na sua execução. A cada um que se ocupe com esta execução, já é imposto um confronto consigo mesmo; consigo e com o seu corpo, sobretudo com as suas duas pernas.

Como desde o início – de uma forma original e muito pessoal – é por aqui que passa o caminho para o autoconhecimento! Simplificando, antes de tudo, a questão aqui é entender-se com suas próprias pernas.

Este entender, no sentido da palavra, condiciona que reencontremos em nós mesmos estes velhos instrumentos: a bússola, o prumo e o nível para, em seguida, trazer o equilíbrio para dentro desta movimentada execução, assim como continuamente testá-lo de novo.

No simples esboço (figura da página 86) está contida uma grande dose de simbologia, começando pelos mais antigos sinais de cura dos homens, ou seja, a cruz, a cruz diagonal ou cruz de André, e os sinais do zodíaco, que apontam para os quatro elementos, ou seja, para todo o espaço cósmico primordial da criação como *templum*.

A figura mostra um octógono regular. Neste octógono está desenhado um quadrilátero, que se compõe de um quadrado voltado para baixo. No quadrado também está desenhada uma cruz, que divide o quadrado em quatro grandes campos iguais. A cruz termina

---

[6] *N. T.: O termo em questão permite um jogo de palavras, pois* Ruhe, *em alemão, pode ser traduzido tanto por* calma *quanto por* não movimento, estático, imóvel.

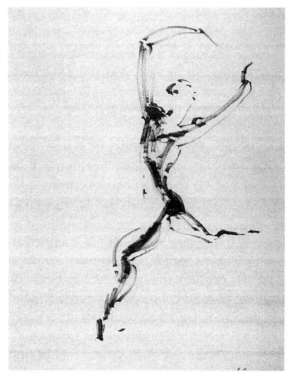
Solo de salto

com os seus eixos no perímetro do octógono. Ainda está também desenhada uma cruz diagonal, cujos extremos ultrapassam o limite do octógono.

Através dos quatro símbolos astrológicos para as constelações de leão, touro, aquário e escorpião é mostrado que a cruz diagonal indica até para a dimensão cósmica. Com as quatro constelações, aponta-se também para os quatro elementos, fogo (leão), terra (touro), ar (aquário) e água (escorpião).

Três das posições de pé estão desenhadas no quadrilátero, as quais, segundo o caminho tradicional de formação, mostram, como símbolos básicos, a iniciação do aluno nos degraus de desenvolvimento desde aprendiz, passando por oficial até mestre. Os bailarinos profissionais conhecem cinco posições de pé, mas a quarta posição é uma variação da segunda e a quinta posição é uma variação da terceira. Por isso é que só são mencionadas três posições básicas para os pés. Os bailarinos mantiveram a antiga designação dos artesãos tradicionais, ou seja, o desenvolvimento passo a passo, que vai de aprendiz, passando por oficial, até mestre. O mesmo acontece ainda hoje também com os músicos. Bailarinos e músicos tem também a cruz de oito pontas, ou seja a classificação do oito na escala, como medida, caminho e símbolo.

Esta antiga classificação, que provém de regularidades cósmicas, apela à consciência religiosa em nós.

Por isso, a alta escola da dança clássica não é uma escola no sentido atual, mas sim uma iniciação pedagógica dos antigos *Gymnasions*, transmitida através dos tempos. Esta iniciação tem como símbolo básico o homem à imagem da cruz, dando-lhe por fim a lapidação necessária pela qual brilhará o diamante oculto no seu interior.

O Gymnasion dos gregos antigos era um centro de ensino onde, outrora, podemos supor, os alunos eram crentes piedosos. Primeiramente eles deveriam se ver como imagens fiéis de Deus, livres das roupas ditadas pela época e pela moda; mais ainda: despidos da pele, dos músculos e dos tendões, como estrutura, tão simplesmente, como um ser de ossos e articulações.

Era esperado dos alunos que procurassem aprofundar a sua fé através do "conhece-te a ti mesmo".

O próprio deus Hermes, com seu caduceu como símbolo da transformação, era o pastor das almas e o indicador do caminho através do labirinto da vida. Uma igreja do tipo da nossa não existia ainda. Os professores eram sacerdotes ou sacerdotisas, a teologia e a filosofia ainda não haviam sofrido uma separação, tendo ainda uma mesma raiz. O ginásio era sobretudo um centro de iniciação das musas. A educação do corpo acontecia como educação propriamente do espírito em honra do Deus supremo a quem eram dedicados todos os exercícios, bem como os estudos poéticos ou científicos.

4. O símbolo da cruz na visão do bailarino

A dança clássica, através de seu esquema de direcionamento, é uma meditação da cruz. Daí surge, essencialmente, sua força de concentração, de harmonização e de salvação.

O centro é ao mesmo tempo o centro do céu, transcendência, e como tal, idêntico ao Eu do homem (figura abaixo).

1. O *aprendiz* de pé, frente a Deus, no átrio do templo, olhando para o leste, voltado para o sol nascente.

2. O *oficial* encontra-se, abrindo os pés e as mãos, no grupo, e ele já está no quadrado do templo.

3. O *mestre* encontra-se no ponto de encontro de duas cruzes, os pés estão abertos em ângulo reto. O grupo envolve o mestre como um coro.

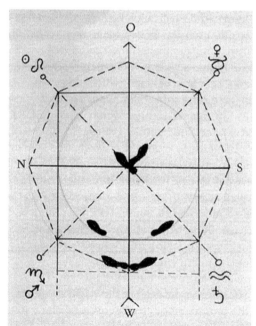

Esquema de trabalho para o exercício clássico: o simbólico das posições na cruz

O ensino da posição da dança clássica indica ainda para a lei da harmonia, que os gregos buscaram e encontraram. Eu digo: esta lei deve ser exercitada no fazer, passo por passo, pé ante pé.

No treinamento diário nas escolas de balé, começa-se então com a primeira posição com os meio-*pliés*, até os profundos e de novo para cima, para o *relevé*, a elevação sobre as polpas dos pés, e por sua vez, sobre as pontas e 'sobre a coroa'.

O aluno de dança deve tomar a sua posição de forma consciente. Este exercício será executado em todas as posições.

Com isto convoca-se simbolicamente, desde o início, o eixo vertical da cruz, que é tido como eixo do tempo, bem como a rígida postura corporal vertical e todo o potencial de forças que este exercício exige.

Ficar de pé corretamente não é trivial. Para o olhar do mestre, este ponto de partida de todos os movimentos, é sempre passível de novas correções. É o eixo vertical como eixo da consciência. Ele quer ser trabalhado. Sim, todos os exercícios do treino clássico têm como imagem ideal esta postura do homem como ponto de partida e meta.

Na primeira posição unem-se os calcanhares abrindo-se as pontas dos pés, de modo a formar, pelo menos, um ângulo reto. Esta é uma posição inicial. Aqui eu me aprumo, ou seja, eu me volto para a luz, quero me abrir e seguir o ensinamento do mestre. Assim, o artista se abre, por um lado para ser iluminado, por outro, para se revelar. Neste entretempo o aluno se esforça por aprender a lei do movimento esclarecido.

A primeira posição é a posição do aprendiz, que quer seguir um caminho. É o caminho do acreditar ao conhecer. E ele segue este caminho amadurecido e ereto como uma coluna que surge, distanciada do silêncio[7], com as palavras, que eu dou a cada aluno de dança, no decorrer do caminho:

---

[7] *N. T.: O termo em questão,* entsteht, *significa* surge. *Grafado como o autor o fez,* ent - steht, *ele toma a conotação de* distanciado.

Tu, que o mundo moves,
moves tu também a mim,
tu me agarras fundo e
me elevas, alto, para ti.

Eu danço uma canção do silêncio,
segundo uma música cósmica
e ponho o meu pé na borda dos céus
e sinto como o teu sorriso me faz feliz.

Com estas palavras é sugerido ao aprendiz a visão cósmica do trecho de seu caminho, que ele, mais tarde como mestre, irá superar de modo mais profundo.

Quando acontece que em um aprendiz se acende a sombra do brilho, isto é, a iniciação no sentido antigo, que o Gymnasion preservou, como último reduto de cultivo das antigas formas de meditação e de oração, como no espelho de uma misteriosa reminiscência, então, em breve ele sentirá que foi iniciado numa singular meditação da cruz.

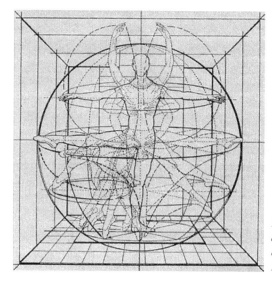

Figura Estereométrica do Bailarino. Desenho esquemático das dimensões do espaço e do movimento do bailarino no balé clássico de K. Stuart-Dyer, The Classic Ballet, Londres/New York, 1953

Na segunda posição, que é tomada como a posição do oficial, o iniciante conheceu o exercício na barra fixa, rigidamente sujeito na cruz dupla, como uma lapidação das arestas, dentro de seu próprio espaço em torno: as sete direções de movimento e o trabalho de equilíbrio já se lhe tornaram estrutura. As forças de apoio necessárias, sobretudo do tronco e do quadril, se desenvolveram nele lentamente. A coordenação entre pernas e braços ele já compreendeu, de modo que ele é capaz de trabalho em grupo e de ser promovido a oficial.

O aprendiz, quer dizer, o bailarino na segunda posição, coloca seus pés a um pé de distância um do outro, ou seja, cerca de 30 cm. As pontas do pé, se possível, devem estar voltadas para fora num ângulo obtuso. Esta posição simboliza o eixo do espaço e a entrada do aprendiz no grupo. Com isto o aluno torna-se um membro de uma comunidade social e aprende a se coodernar com o seu parceiro dançando, no ritmo, no compasso e na melodia.

Ele abre os braços para os lados de forma a poder segurar as mãos de seu vizinho. Deste jeito forma-se um círculo fechado com a frente comum, voltada para o centro, que o mestre ocupa na figura da página 90. O mestre está de pé, o calcanhar do pé direito posicionado, em ângulo reto, junto à concavidade do pé esquerdo, no ponto de intersecção da cruz diagonal. É a terceira posição, na qual o corpo forma uma espiral que se estende dos ombros até os braços levantados.

Numa classificação da primeira à terceira posição o aluno passa simbolicamente por três etapas no processo de conscientização. A cruz fixa do tempo e o eixo do espaço, aos quais se referem as duas primeiras posições, apontam para a ordenação da rosa dos ventos: o eixo vertical significa a vivência no tempo: "de onde venho?" – "para onde vou?". O eixo que se estende horizontalmente do centro do coração, lateralmente, do Eu para o Tu, une, no espaço, o bailarino com o seu parceiro.

A arte da dança clássica exige que todas as feições do corpo sejam abertas: o rosto, os olhos, as mãos, até mesmo as costas, tudo tem que atuar e sair da reserva e da introversão. O corpo, ao se abrir em todas as direções, voltando-se para fora, torna-se acessível às irradiações do espirito e torna-se um instrumento do fogo.

O bailarino clássico, no centro do círculo e da cruz , na "posição de coroa"

Movimentos direcionados para fora, quer executados no ar ou no chão, trazem a luz consigo, que brota de uma transfiguração interior. O homem, como bailarino no espaço e no tempo, encontra a sua expressão simbólica no desenho estereométrico da figura. A figura do bailarino está inserida num espaço quadrático e em torno da figura um círculo está delimitado, ou melhor, tridimensionalmente, uma esfera está delimitada, na qual o bailarino se encontra durante os exercícios. Dentro da esfera o bailarino encontra-se rodeado de mais três horizontes. Como imagem perfeita de Deus ele é colocado no centro da esfera do espaço primevo.

O bailarino determina a extensão de seu próprio espaço, ao estender os braços para os lados e apresentar as pernas no lançamento lateral do *grand batement jeté,* na altura dos quadris.

O espaço próprio do bailarino é, contudo, nitidamente rompido num local, quando ele levanta os braços para o alto. Aqui ele rompe a delimitação da esfera na 'posição da coroa' através da postura dos braços e da cabeça e do direcionamento do olhar. O verdadeiro sentido deste gesto é um pedido a Deus por misericórdia: as mãos não se tocam, mas estão abertas para a luz. Na *Revelação de João* (cap. II, vers. 10) no percurso dos crentes em direção a Deus, era prometida a misericórdia como um presente: "Sê fiel até à morte e aí eu te prometo a coroa da vida eterna". O exercício na *statio,* como a mais antiga postura de meditação, exerce, neste sentido, uma ação transformadora que ativa os símbolos da totalidade, do círculo, da cruz e da esfera, no plano e no espaço (figuras da página 92). A cruz diagonal é a posição consciente do mestre. Esta cruz não termina no horizonte terrestre; seus ramos seguem para o firmamento, sobem e formam os meridianos de uma esfera que gira de acordo com os astros.

Aqui o bailarino, de pé dentro de uma esfera que gira, se entende como eixo, de forma que é necessário que se integre à lei do espaço também a lei do tempo que flui, a lei do movimento e da eterna mudança na consciência.

A espiral desce com o *plié* e sobe com o *relevé,* as posições da mão, da coroa da mão e do braço na coroa (*couronne)* unem, simbolicamente, o tempo e a eternidade, este mundo e o além.

A ligação dos quatro eixos de ambas as cruzes, formando a estrela de oito pontas, como estrela da perfeição e da sabedoria máximas, é transformada em movimento pelo bailarino, na estrela brilhante da beleza, da harmonia.

Deste modo as posições, como dimensões do direcionamento, são a chave para os portais dos diferentes níveis do ser. Aquele que se exercita vivencia-se como imediatamente ligado à existência, que o conduz, da existência sóbria e objetivamente orientada para uma existência esclarecida, localizada e harmoniosamente direcionada.

A cruz diagonal também é chamada de cruz de André e remete ao acontecimento marcante da aparição de Cristo no Jordão.

João Batista, indicado por Cristo como sendo Elias que voltou, aponta para o salvador que chegava: "Olhai o cordeiro, que carrega os pecados do mundo". Foi André, seu primeiro discípulo, que perguntou a Cristo: "Senhor, onde fica a tua morada?", pois era ele quem procurava o lugar da iniciação cristã.

Esta cena mostra a espontaneidade com que André reagiu ao convite, à nova mensagem de Batista: "Alterai o vosso sentido, porque o reino dos céus está próximo". O círculo interno de Cristo é por isso simbolizado pela cruz diagonal, ou cruz de André.

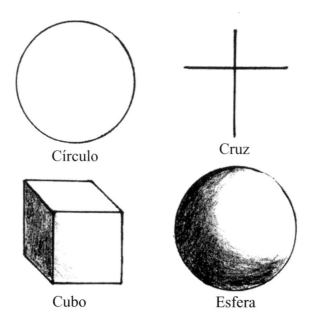

Símbolos da totalidade

André pretendia, mesmo na morte, ser uma verdadeira imagem de mestre, ao se deixar crucificar de cabeça para baixo.

A cruz de André com os eixos em diagonal indica além, para o firmamento, mesmo no sentido figurado indica o caminho das *metanoiete*, indica a rotação, na rotação das estrelas, que promete uma nova vida como o final de uma peregrinação a pé: "... pois que não possuímos um lugar permanente, em vez disso buscamos o futuro".

Vivemos no tempo, aparecemos no espaço. O aprendiz tem que aprender a dominar o seu espaço próprio, o oficial o espaço ao redor, o mestre deve integrar o espaço original em seu caminho da dança.

Esta classificação tripla revela-se aqui como um caminho de iniciação, como um caminho para dentro que oferece uma escola especial de interioridade objetiva, pelo movimento esclarecido numa simbiose poética com a música através do ritmo, do compasso e da melodia. O exercício da dança consiste na forma mais profunda da lembrança.

A estrutura básica do templo e do local da dança é simples na sua articulação e compreensível para o aluno, já na infância, pelo fazer e pelo imitar. A alta escola da dança clássica pretende levar o bailarino a abrir-se e a revelar-se, no sentido de uma expressão artística apolínea, a um brilhante ideal de harmonia, como a lei da criação, tão simplesmente, e representa, como um todo, um jogo profundo de equilíbrio entre corpo, alma e mente. Nela reconhecemos um caminho de iniciação, transmitido sem interrupção, a partir de um antigo saber dos mestres.

Danças de Celebração e Alegria

Krakowiak
Dança popular polonesa

Dueto – dança popular

Dança masculina da Macedônia

Dança de roda da Macedônia

*Dança popular
da Iugoslávia,
com tambores*

*Dança de roda da
Macedônia, Grécia*

Grupo de dança de Arles, França

Dança dos ladrões

Figuras para o balé Petruschka *de Strawinsky*

Solo masculino, salto

V. As Danças de Roda

1. O folclore da dança

De todas as danças populares que estudei, as minhas preferidas eram aquelas que ainda tinham suas raízes na fé. O sentido para o simbólico foi-me despertado, inicialmente pelo meu pai, pela escola humanística que frequentei e pelo estudo da teologia.

Ao nosso tempo de estudantes, saíamos pela região afora, percorrendo a nossa terra aprendendo também fora da escola para que nos tornássemos pessoas de estatura além dos bancos escolares. O caminhar é, a meu ver, muito importante, porque se dá passo a passo. O passo é um salto à frente, numa sincronicidade com o meu movimento de corpo e com aquilo que acontece em mim. Ao percorrer a região, a sincronicidade registra-se em mim, como uma experiência – observo as nuvens que se aproximam e sinto o cheiro da terra. Para tudo há uma medida humana. Desta forma, a experiência que acontece externamente, reflete-se internamente. É esta a melhor maneira de se compreender o mundo – através de uma marcha viva.

As antigas danças de roda do centro da Europa, que praticamente se perderam, nós as conhecemos somente através de descrições, de músicas para dançar, de quadros e de cantigas.

O grande coreógrafo francês e reformador da dança, um homem que atuava também na Alemanha pelos meados do século VIII, Jean Georges Noverre, resumiu uma vez as suas impressões sobre a dança popular alemã: "A dança nas diferentes regiões alemãs é infinitamente diversificada. A maneira de dançar em uma aldeia é quase que desconhecida na aldeia vizinha. Até mesmo suas músicas para dançar contêm características e movimentos diferentes, mesmo sendo todas elas alegres. Suas danças tem algo de encantador, porque são uma pura obra da natureza.

Dança de roda

"Seus movimentos respiram alegria e prazer e a precisão do compasso dá às suas posições, suas expressões e seus passos um encanto especial. Se a questão é saltar, podem até reunir-se cem pessoas em volta de um carvalho ou em volta de um poste, saltando todas no mesmo instante, elevando-se uniformemente no ar e caindo de novo com a mesma precisão. Assim, quando certas notas de compasso devem ser marcadas com os pés, todos agem de comum acordo e batem os pés simultaneamente. Se levantam suas bailarinas, pode-se observar que todas são erguidas ao mesmo tempo sem que nenhuma desça antes que se ouça a nota da marcação."

O testemunho, conferido por um observador vindo do estrangeiro sobre as danças alemãs é, ainda hoje, sob muitos aspectos, interessante para nós. A constatação relativa às danças alemãs que obviamente causou tanto espanto a Noverre, classificando-as como 'infinitamente' diversificadas, permite-nos concluir que, antigamente, nas diferentes regiões das províncias alemãs, existia um inquebrantável espírito aldeão e comunitário continuamente vivo. A valorização do lado poético da educação deve ter sido muito grande, apoiada pela juventude e dirigida por personalidades dentro da comunidade, animadas por seu imenso fascínio e amor pela dança. Quando Noverre relata que as diversas aldeias haviam desenvolvido algumas variações e formas próprias, uma atitude por assim dizer introvertida, este fato revela um prazer altamente desenvolvido na criatividade que lhe é própria, o que por outro lado indica a preferência quase inesgotável dos alemães pela criação individual. Esta característica, no entanto, uniu-se organicamente ao impulso natural da comunidade. Os dias mais importantes e as festas da aldeia eram obviamente vividas por todos os membros da comunidade com grande entrega e empenho.

Dança popular da Polônia

Dança popular da Macedônia

Não se explica de outra forma que o observador possa descrever com tanta admiração, sobretudo o grande número de participantes e a precisão de sua representação de dança.

Estas danças foram mais tarde progressivamente abandonadas, em consequência das grandes mudanças das culturas nacionais e do desenvolvimento industrial que tudo arrasa. De uma maneira geral pode-se dizer que, quanto mais adentramos a parte oriental da Europa, tanto mais podemos contar com uma cultura de dança ainda bem presente e viva. Aí, nas regiões do interior, é que se apresentam as condições favoráveis que ainda mantêm fluindo o desenvolvimento criativo, conforme acontecia também há cerca de duzentos anos no centro da Europa.

Na vida de cada um existem momentos nos quais é importante reconhecer espontaneamente que agora é o seu próprio gênio que lhes fala: "faça, decida-se".

Um novo capítulo da minha vida começou quando decidi dedicar minha atenção às danças de roda e às danças dos povos. Cada recomeço esconde um segredo e me pareceu como se brilhasse em mim uma luz completamente nova quando, no início dos anos cinquenta, em Dresden, assisti à apresentação do conjunto folclórico iugoslavo *Kolo*.

Ali estavam, primeiro, o balançar-se e o saltar entusiasmados, ligados um ao outro em círculos e correntes, o ímpeto arrebatador e a alegria vital das sequências rítmicas dos passos, e também as melodias delicadas e íntimas das canções de amor dos pastores dos Bálcãs. O que eu vivenciei foi a força da roda.

Foi por isso que aceitei de bom grado o convite para participar da fundação de um grupo de arte popular dos sérbios. Trata-se aqui de um povo de origem eslava, que migrou há mais de mil anos para a região do leste alemão de *Lausitz*, um povo fechado em si mesmo, tanto culturalmente quanto pela língua.

O que pode haver de mais belo para um mestre da dança do que a oportunidade de selecionar um grupo de bailarinos e, contando com o apoio de um lugar mais elevado, poder organizá-los, vesti-los e, de algum modo, equipá-los?

Pesquisar os velhos costumes dos sérbios de Lausitz e dar-lhes a forma coreográfica de uma pantomina dançante constituiu-se meu maior interesse. Dediquei-me a essa tarefa e a essa gente intensamente, de alma e coração, durante quase quatro anos.

O 'Sorbisches Volkskunstensemble' (*Serbski Ludowy Ansambl* – Grupo de Artes Populares Sérvias), em Bautzen, tornou-se uma organização estatal.

O projeto tinha em vista, inicialmente, dois objetivos:

1. inventário dos elementos autóctones: as cantigas, cânticos, danças, costumes, trajes, história, linguística etc;

2. montagem de um coro, de um grupo de dança e de uma orquestra.

Junto com Jurij Winar, o diretor do projeto, fui a muitas aldeias dessa região, onde ambos procurávamos jovens dotados para a dança e para a música.

Consegui um lindo salão para os ensaios, equipado com as barras fixas destinadas aos exercícios clássicos. O meu grupo de bailarinos compunha-se de doze rapazes e moças.

O tipo de preparação regia-se pelo velho e já bem testado método de ensino da dança: eu dava diariamente um treino clássico de duas horas na barra fixa, o estudo da harmonia do movimento e ensinava os passos e suas combinações e formas de expressão, sempre atendendo às particularidades de cada um.

Apesar do trabalho de lapidação, não me arriscava a retirar a peculiaridade desses jovens, provenientes, quase todos, de famílias de camponeses.

Como seria fácil para um mestre de dança ambicioso alterar essa originalidade, embelezá-la esteticamente ou transformá-la artisticamente com a ajuda de técnicas impostas, erroneamente reeducando a dignidade e a beleza autêntica de um grupo assim tão valioso, roubando-lhe a sua singularidade.

O encontro com o grupo folclórico forçou o bailarino clássico em mim a reaprender. Senti-me tocado de imediato pela espontaneidade que a dança popular exige, pela rítmica muito mais fortemente diferenciada, que permite ao pé tocar o chão de uma forma completamente diferente.

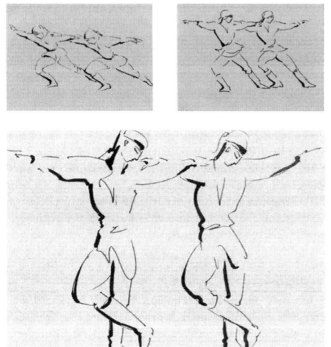

Hassapicos

Novos impulsos despertaram em mim e uma falta de ar, nova para mim, surgiu quando mantinha os passos das danças, ou seja, na repetição contínua dos pequenos passos e saltos. Uma vez tocado pela dança popular, estava concentrado no aprendizado e no domínio dos passos e movimentos não compassados. Passos folclóricos me lembram um dialeto. Em contrapartida vejo a técnica dos passos clássicos como uma linguagem erudita. A forma da linguagem dos movimentos clássicos, que satisfaz a todas as exigências angulares, no folclore é continuamente transformada numa encantadora evolução fonética.

Deixei-me arrebatar pela vibração das danças populares, contagiado pelo fogo maravilhoso da comunidade, que realmente dava para sentir fisicamente, em carne e osso. Trespassado por esta nova atmosfera sob céu aberto, senti a brisa fresca dos ventos, me abri para o júbilo das vozes e vi os rostos, vi neles suas vidas. Durante uma viagem para a Bulgária vi as pessoas numa festa e observei nos seus rostos e movimentos influenciados por séculos de preparo da terra.

A arte popular nasceu da comunidade social, autóctone. Ela surge na região, nas casas e nos campos das famílias, fora, nos lugares comuns a toda a comunidade. Esta arte é introvertida. As pessoas se encontram num círculo, se olham. Eles não precisam de espectadores nem tão pouco contam com eles. Logo reconheci o fundo religioso e ritual dessas danças e essa compreensão foi ficando cada vez mais forte.

É preciso dançar essas danças, para descobrir isso; é preciso se tornar muito presente para nos apropriarmos delas, para sentir e vivenciar seu efeito curativo e terapêutico. Então se abre, para o bailarino, a sua origem religiosa, o caminho para a unidade e a solução da passagem do singular para o comunitário, para um estar junto em vibração. E fluem, então, energias aos dançarinos, vindas de uma fonte que continuamente se regenera.

Os diferentes elementos das danças de roda, com suas características de dinâmica, de provocação e incentivo à expressão, de dissolver tensões, contrações e inibições, estimulam a liberação das energias criativas e ao mesmo tempo organizadoras.

Na música e na dança popular eu vivencio a essência de um povo e sua tradução artística. Daí eu posso ler o caráter, a imagem anímica, a vida e seus enraizamentos.

Eu mesmo já me sinto entremeado de uma cultura urbana, onde o fator cultural acontece num nível intensificado. A arte vive aqui longe da natureza – como uma natureza exagerada.

A isto equivale a dança clássica. Ela é dependente do espaço, do espaço reconstruído. Não é representável no exterior, à luz do sol, mas somente no salão, no palco, no teatro. Ela é intensificada e ganha expressão através do cenário, da mágica dos bastidores, do mascarar-se, enfim, através de tudo o que o teatro representa. Esta dança é extrovertida, destinada ao público. Isto não quer dizer que a dança, encontra sua justificação no expor-se, o que significaria para mim um aplainamento e um esvaziamento da expressão artística. Sempre testei os *fouettés* (rotações chicoteadas na ponta dos pés) ou os *bâttement développé* (levantar das pernas) quanto a seu enunciado e justificação artística. Hoje vejo, muitas vezes, a dança clássica no palco como uma produção artística, como perfeição num rasante, como bravura na arte, que funciona por multiplicações e não pela ideia do artista.

Penso muitas vezes, frente às pernas levantadas das bailarinas, 'nas danças de oferecimento' do século XIX e, frente às suas muitas rotações, que a bailarina pára de dançar porque precisa contá-las.

É claro que a técnica clássica de adestramento, altamente sofisticada, também tem a sua justificativa. Como no caso dos *lipizaner*[8]: gosto de olhar um cavalo, bonito, bem decorado e bem treinado na alta escola, um cavalo bem adestrado demonstrando seus passos artísticos na limitada pista de equitação.

Mas também adoro cavalos que possam cavalgar livremente pelos campos com suas possibilidades de um empenho físico improvisado, de acordo com a oportunidade e com as propriedades do solo, que podem alterar a modalidade de seu passo. Gosto especialmente da dança na qual se exprime alegria, alegria pela vida, e nas brincadeiras dos membros – o melhor acontece nas festas solares anuais em devoção aos santos!

Festa em Mochos, Creta

---

[8] *N. T.: Lipizaner é a designação de uma raça de cavalos, apurados para treinamentos, que tem a origem de seu nome no haras de Lipiza, próximo a Trieste, famoso pelas suas técnicas de adestramento. Vale como sinônimo de um cavalo altamente adestrado.*

No ano de 1960, depois de ter me despedido definitivamente da dança nos palcos, formei um grupo na Escola Superior Popular de Munique, com o qual viajava regularmente durante as férias, a fim de conhecer as velhas danças de roda européias e recolhê-las em primeira mão. Elas se tornaram para mim e meus estudantes rodas de puro entusiasmo.

Uma feliz conjunção de fatos levou-me, em 1966, para Creta, onde as danças de roda ainda se mantêm muito vivas. O acompanhamento maravilhoso da lira e do violão, juntamente com o cantar dos músicos, testemunham a energia inquebrantada do povo.

Quem passeia por Hellas, antes de iniciar a viagem, muitas vezes tem noções idealizadas quanto ao que restou da antiguidade clássica. Visitam palácios encolunados, templos, fortalezas e museus, enfim, uma representação de uma peça de Sófocles.

Uma peregrinação às origens, uma viagem às fontes que simplesmente fluem, não deve, no entanto, se esgotar na visitação do belo ou na admiração de restos estáticos. Conceitos tais como 'origem' e 'fonte' testemunham, no sentido da palavra, fatos dinâmicos. Isto significa: sentir por si mesmo os traços do passado na vida e nas formas de comportamento das pessoas vivas do povo grego; encontrar, assim, o grego em sua própria natureza, por ele formada, e encontrar o agreste da paisagem grega que o envolve.

Na Grécia, a dança ainda é uma expressão totalmente espontânea de um estado de ser. É impossível descrever o humor avassalador que é criado quando jovens e velhos dançam, numa alegre descontração infantil, o Kalamatianos. As pessoas voam, em cadeias entrelaçadas como labirintos, numa confusão colorida. Atiçadas pelos ritmos rápidos, cantando alto, eles dançam como que formando um novelo e desfazendo-o, embalando e dançando, arrebatando tudo. Quem aqui, pelo decorrer da dança, estimulado em sua totalidade, mergulha na vertigem dionisíaca de um tal processo de dança, sendo indivíduo da Europa central, sente com que enormes consequências o dualismo de Descartes repercutiu no jeito de viver da nossa região. Por mais pobre que seja, por exemplo, a população de Creta, tanto mais rica ela é quando presenciamos com que imenso empenho ela pode se alegrar e festejar, quando nos familiarizamos com suas formas e comportamentos inquebrantáveis e os comparamos com o que nos restou disso. O desembaraçado aprende com este povo a presença do mais hilariante êxtase, por intermédio das rodas e da música. A medida, a própria paz do desenvolvimento movimentado rítmico, mesmo em sua mais veemente expressão contrastante, dá novo alento à antiguidade.

As pessoas aí ainda têm um acesso imediato à fonte de todas as visões do espírito e da alma, de forma naturalmente integrada com o corpo. A riqueza desses grupos étnicos, aos quais circunstâncias generosas contribuíram para que conservassem esta capacidade de ter uma força de vivência total, representa um contraste violento com a pobreza geral em que vivem.

Essas viagens a Creta tornaram-se para mim uma experiência fundamental e me direcionaram para o aprofundamento do estudo dessas danças, inicialmente de toda a Hellas, depois da Macedônia, da Iugoslávia, da Polônia, da Rússia, em resumo, de todos os povos do leste da Europa que preservavam ainda o seu bem cultural autóctone.

Eu via que as danças dos gregos eram dançadas, outrora, em honra aos deuses, com um centro de gravidade no espaço em torno do qual eles rodavam. As formas das danças se revelavam a mim como algo de sagrado.

Os velhos gregos respondiam à pergunta, "de onde vem o ritmo", assim: "ele vem dos deuses". Eles compreendiam o ritmo pura e simplesmente como princípio básico do movimento.

O meu lápis de desenho acompanhava muita coisa, para observar e reter o rosto dos bailarinos, os movimentos, os músicos, a paisagem e o trabalho diário desses dançarinos.

Syrtos Kalamatianos

O Syrtos Kalamatianos é conhecido como uma das danças mais antigas da Grécia. Seu nome advém da cidade de Kalamata, no Peloponeso.

Ainda hoje é dançada em todo o país. A análise desta dança surpreende pelo número de símbolos numéricos no jogo de regras da marcação rítmica e musical.

A dança se compõe de doze passos. Este número desempenha um papel muito grande na dinâmica de números de todos os povos. Ele aponta para o espaço primevo, para o círculo do tempo cósmico do zodíaco de doze casas no céu. Este majestoso espaço primevo é a imagem original do mostrador do nosso relógio, pelo qual nós medimos os nossos tempos.

112

Kalamatianos

Os doze passos se subdividem claramente em quatro vezes três passos. Cada um dos grupos de três possui um longo e dois curtos, enquanto que a gradação temporal acontece segundo a fórmula da secção áurea[9] (*Daktylos*). Ou seja: um comprido não é igual a dois curtos.

---

[9] *N. T.: Também denominado segmento áureo, secção contínua ou proporção contínua. Divisão de um intervalo em duas partes em que a menor está para a maior, assim como a maior está para a totalidade. Era considerado pelos antigos gregos como uma proporção divina.*

Os bailarinos formam um semicírculo e dão-se as mãos de maneira que estas se mantenham à altura dos ombros, com os braços dobrados em ângulo, erguidas como que em oração. A sequência coreográfica dos passos obriga cada um dos bailarinos, durante os três primeiros passos, a se mover para trás, voltando-se em direção ao seu vizinho imediato (consideração), porque a cadeia, que corre no sentido anti-horário – como direção da dança – dá início ao movimento. Nos três passos seguintes ele tem de se voltar na direção da dança (cuidado). Durante os três passos seguintes, ele faz, para a direita e para fora, uma volta em espiral abaixado (compreensão) e nos últimos passos ele se volta para o centro do círculo de dança, como o centro de gravidade do espaço, e dança a volta em espiral à esquerda, em *relevé*, no alto (visão de conjunto).

No eixo espacial da cruz valem a consideração e o cuidado; no eixo temporal, o vertical, vale a compreensão – de onde eu venho – e a visão de conjunto – para onde me conduz o meu caminho. Esta é uma sábia regra de vida: consideração, cuidado, compreensão. A visão de conjunto está entretecida aí, nesta roda, através da medida e do número dos componentes coreográficos.

Este amontoado de medidas simbólicas na construção da dança, por si só, trai sua origem cúltica:

3 – símbolo para a harmonia e a trindade;

4 – para o cosmo, as estações do ano, os elementos e para o decorrer do dia;

7 – o número do céu – as esferas de planetas;

8 – símbolo para a eternidade, o valor limite da escala musical;

12 – o número de horas, em doze anos o planeta Júpiter completa um círculo no zodíaco.

Zeimbeikikos

Esta dança, especialmente expressiva, que continua viva na Grécia, apresentada sempre como dança individual, tem que ser descrita aqui. A Zeimbeikikos é uma dança essencialmente masculina.

Seu vocabulário de passos é muito característico, mas é tratado de forma puramente individual. Nesta dança, que também é dançada por homens velhos, roda-se e rodopia-se em volta de um ponto no chão. Todas as tensões da vida humana, o estar esticado entre o céu e a terra, o para cima, o para baixo, o medo, o grito, o implorar e o jazer na rocha nua, o martírio do desespero, a preocupação, o reerguer-se e a solução de todos os tormentos podem ser colocados e expressos nesta dança. Esta dança oferece-se como veículo à imensa escala de comoções humanas: tenta, dançando, 'sobrepujar e vencer' os poderes subterrâneos, os poderes tectônicos! É uma dança na qual o bailarino mantém sempre os olhos colados ao chão, girando em torno de um ponto como de um umbigo (*omphalos*), que neste momento é o centro e o lugar onde o bailarino coloca, através da dança, seu maior desejo para a mãe terra e o faz com toda a emoção.

Zeimbeikikos

A dança de São Jorge

A dança de São Jorge (Djurdjevka) é uma dança de roda da Iugoslávia, que contém uma simbologia impressionante. Os bailarinos posicionados em forma de cadeia, seguram-se por baixo dos braços uns aos outros formando um semicírculo. Enquanto a cadeia se move, quase que rastejando, no sentido contrário à dança, em passos enodados, esta vai imitando assim o ataque do dragão (*Trochäus*). Nos movimentos de recuo seguintes, agora partindo para o centro do círculo e fugindo deste, representa-se o contra-ataque do cavaleiro, montado em seu cavalo, o patear dos cascos, o espetar da lança e o empinar do cavalo.

Aqui é expresso, de forma evidente, o processo dialético entre o escuro e o claro, o mau e o demoníaco em nós, entre o enrolar da serpente e o cavaleiro que se lhe opõe, sobre seu cavalo, encilhado, que ele premeditadamente domina.

Os povos, desde os tempos mais remotos, colocaram muito conteúdo nas suas danças. Muitas danças foram esquecidas há muito, mas muitas ainda estão vivas e são transmitidas de geração em geração.

São Jorge

Esta pequena escolha, extraída de uma quantidade sem fim de danças históricas e vivas, criadas pelos povos, talvez chegue para reconhecer o quanto esta expressão artística faz parte da essência humana como testemunho original de sua comunicação criativa.

2. A meditação da dança

*Deus é como o grande amém,
Como uma brisa num dia de verão
Ele está além do espaço e do tempo
Como a melodia dos violinos,
Profundo como a eternidade
Só nomeado no silêncio.*
–Rilke–

Nas formas mais antigas das danças circulares encontrei o caminho para a meditação da dança, como um caminhar para o silêncio. Esta meditação tornou-se para mim e meus alunos uma oração sem palavras. Sintonia dos acordes harmônicos do espírito, do corpo e da alma. Por uma feliz circunstância, em um encontro no castelo de Schöneck, em Taunus, reencontrei um antigo amigo da dança da minha época de estudante, Sir George Trevelyan. Este encontro foi muito promissor para mim, pois pudemos reacender a nossa velha amizade. Presentes estavam também Eileen e Peter Caddy, os fundadores da comunidade escocesa da Fundação Findhorn. A minha filha Gabriele e eu recebemos deles o convite para implantarmos em Findhorn as danças de roda e as danças circulares européias.

*"A Roda de Jesus". Coreografia de Bernhard Wosien, segundo os Atos de João, do Novo Testamento Apócrifo. Universal Hall, Janeiro de 1977, Findhorn, Escócia.
Foto: The Findhorn Foundation*

Quando atendi ao chamado de Findhorn, tinha um pressentimento. Lá, assim eu senti, junto a essas pessoas, abertas para a nova era com o seu propósito: 'Uma Terra' (*One Earth*), encontrei um novo solo, virgem e preparado. Realmente me deparei com uma receptividade excepcional por parte dos bailarinos, o que me encorajou a abordar de imediato um tema central.

Eu escolhi e montei na época (1977) a peça do mistério inesquecível *A Roda de Jesus* dos versículos de São João.

Estes encontram-se nas Cartas Apócrifas do novo testamento, nas quais São João descreve como Jesus convida seus discípulos para participar duma roda, dando-se as mãos a fim de festejar com ele a despedida, antes de ser preso.

Jesus coloca-se no centro e comunica-lhes seus pensamentos mais profundos em 28 versos.

Com esta representação coreográfica, uma das minhas primeiras em Findhorn, tentei implantar a primeira semente de um acontecimento sagrado na dança.

Nos anos seguintes sucedeu-lhe o mistério *Teseu no Labirinto* e a interpretação da estrela de cinco pontas pela dança, o pentágono. O pentágono é um símbolo muito antigo para o Homem, que atualmente adentra 'uma nova era', a Era de Aquário. Ele é representado como um homem que despeja água dum cântaro. A nova era é, porém, a era dos homens.

O que o aquário derrama, o que flui, é o tempo. Ele o derrama no espaço, onde 'o filho do homem' apareceu, no nosso mundo, na nossa terra. Por isso para todos nós, hoje, o mais importante a saber é que nós homens estamos incumbidos de encontrar a nossa verdadeira determinação.

O homem da nova era está representado, desde os tempos mais remotos, como um ser alado em oração. Isto significa: 'O medo de Deus é o começo de toda a sabedoria', quer dizer, a oração é a sabedoria mais profunda, porque é através dela que acontece a aproximação com Deus. A oração é também a arte mais sublime, através da qual se torna evidente a grandiosidade da criação, sendo a oração a tarefa mais nobre.

Bernhard Wosien no balé Liebeszauber *de M. de Falla. Desenho de Willi Baumeister*

Tarefa e oração são uma coisa só, o que é especialmente interpretado, em nosso espaço cristão, pelas regras de São Benedito.

Estas três qualidades, que são atribuídas desde longas datas à oração, não existem independentemente, cada uma por si só. Sem um trabalho disciplinado não produzo arte, sem arte não produzo e nem chego a saber a mensagem da sabedoria.

A nossa dança deveria ser a nossa oração, porém não só no caminhar silencioso do *andante* mas também nos saltos alegres do *allegro vivo*. Neste fazer, conquistamos as asas que nos são dadas nesta nova era.

Quando pela primeira vez em Findhorn presenciei o ritual da abertura e a sintonização (*attunement*) no início do trabalho em conjunto, tive a ideia de ampliar esse estarquieto para um caminho para a calma, para os muitos entre nós que trazem na testa o sinal dos peregrinos...

Com o passar dos anos vieram milhares de pessoas 'mais jovens' entusiasmadas com a ideia de Findhorn, e dançaram juntas essas danças de rodas. Elas encontraram o caminho para a *meditação da dança,* como um caminhar para o silêncio, segundo as mais antigas formas das danças circulares.

Ao dançar, o mundo é de novo circulado e passado de mão em mão. Cada ponto na periferia do círculo é ao mesmo tempo um ponto de retorno. Se dançarmos uma dança matinal, saudando o nascer da aurora dançando, perceberemos, quando nos movimentamos ao longo do círculo, como as nossas sombras, neste circular singular, também descrevem um círculo. Assim nós percebemos que giramos 360 graus. Sentimos na caminhada uma mudança através da reviravolta conjunta.

Do ponto de vista de tempo, a dança de roda em círculo doa-nos a onipresença que nela habita, de maneira que, na atuação conjunta de ritmo, melodia e compasso, as camadas mais antigas do fundo do poço da alma ganham nova vida, e como, por um toque de mitos de outrora, fecundam criativamente o momento.

Assim, nós dançamos na meditação da dança os sonhos que nos reencontram, como nossas saudades do além. Dançando participamos de sua transformação, mudando a nós mesmos.

Dança meditativa no parque,
Cluny Hill, Forres, Escócia
Foto: The Findhorn Foudation

3. Considerações sobre as danças de roda dos Dervixes-Mevlevi[10]

"Aquele que busca Deus, é um homem cujo pensamento acerta o passo com o seu pé." Este dito de um mestre sufi do início da idade média, pode ser, igualmente, o lema dos bailarinos. Ele aponta para o caminho místico atemporal, não muito diferente daquele do padre católico cristão: o celibato como 'caminho para o céu' (*coelum* = céu).

Na consciência da sua origem celestial o homem almeja voltar para a sua terra natal. O objetivo está no além, onde se pressupõe o trono de Deus. Um passo seria, então, a menor parcela deste caminho para o céu.

Como Deus governa de seu trono no céu infinito, a terra é o banquinho a seus pés. Por isso a nossa cabeça toca os pés de Deus. Pé e passo condicionam o processo de 'vir a ser', a escola do pensamento.

Na ordem dos Dervixes-Mevlevi, a música e a dança são considerados como os meios que baseiam os exercícios espirituais e também como as possibilidades de expressão da aspiração à união com Deus. Neste sentido, o bailarino que gira procura atingir aquela visão

---

[10] *Os Mevlevi são conhecidos entre nós como a ordem dos dervixes que dançam, cujo fundador foi Dschelal-eddin Rumi (1207–1273), um dos maiores místicos e poetas do Islã, e cantor do amor eterno, que conquistou mundo afora aplauso e admiração.*

Através do encontro fatal com o misterioso dervixe errante Schams-uddin de Täbriz, ele é iniciado nos segredos da dança em giros sobre si mesmo; este o inspira a escrever poesias maravilhosas, nas quais os ritmos dessas rodas são claramente percebidos, elevando gradativamente a sua tensão até atingir uma dimensão de lirismo arrebatador na adoração amorosa.

A atuação de Dschelal-eddin Rumi, a quem os seus seguidores contemplaram com o honroso título de Mevlâna = nosso senhor, remonta à época áurea dos príncipes turcos Seldschuken. Estes edificaram Konya, a velha Ikonium, e a declararam capital do seu reino, onde Mevlâna também fundou a ordem dos Dervixes-Mevlevi; esta ordem também permitia às mulheres participar dos rituais.

Na primavera de 1970 recebi de minha filha, no meu estúdio de balé em Munique, aulas intensivas da dança de rodopios. Maria-Gabriele aprendera o ritual em Londres, com um xeque da ordem de Istambul. O grupo de estudos ao qual ela pertencia se ocupava de filosofia, música e poesia do sufismo e mantinha um contato ativo com um mestre desta tradição. Mesmo para mim, já consolidado na técnica européia de dança moderna e clássica, e que estava bem treinado, estes exercícios significaram uma entrada totalmente nova, em um outro mundo, que nunca me havia sido propiciada, até então, por nenhuma outra experiência que eu conhecera. Como bailarino e como alguém que busca o sentido da vida, eu me considero feliz por ter encontrado esse caminho, que me permitiu entrar em contato com pessoas do mais nobre caráter.

clara e luminosa que é considerada como o ponto máximo da experiência mística divina.

Trata-se do pensamento da existência do *um*, da existência corporal, indivisível na sua elevação, que se manifesta no *Mukabele* dos Dervixes-Mevlevi. Uma meditação da dança, suportada pelo espírito do amor, ou seja, por aquele caráter original que se baseia na natureza inquebrantada.

Na formação e na disciplina este ritual é de uma qualidade máxima de maturidade e forma, que dispensa qualquer ideologia.

O *Mukabele* revela-se através de si mesmo. *Mukabele* significa: face a face, no sentido também das palavras de Paulo "... um dia vê-Lo-emos face a face". Este fato, vivenciado na dança em giros, elimina a divisão do ser pela experiência única da totalidade.

É a qualidade dos *Mukabele* dos Mevlevi, que torna totalmente supérflua qualquer reflexão ética. Sim, seria ridículo falar aqui da primazia do espírito, que exige do corpo como de uma máquina, a fim de poder atingir estas esferas. Ou o órgão autônomo, a alma, se serve do espirito e do corpo, ou então tudo seria um resultado automático da mecânica da rotação corporal.

Estimulado na sua totalidade e convocado ao empenho total de sua capacidade de dedicação, o bailarino que gira vivencia a sintonia no plano onde as forças religiosas se tornam atuantes e onde todas as reflexões éticas são supérfluas.

A posição básica do bailarino que gira pode ser incorporada na estrela de cinco pontas. A postura é acentuadamente vertical. Sua cabeça se inclina levemente para o ombro direito. Seus olhos olham para baixo, diagonalmente, para o lado do coração, porque para os sufis o coração é a 'casa oculta de Deus' (figura da página 123).

Durante os movimentos giratórios desta dança surge um ritmo de receber e de dar, na direção da mão direita que recebe e da mão esquerda que dá, para cima e para baixo, num abrir e fechar. De certa forma o bailarino torna-se uma ponte ligando o céu e a terra na medida em que assimila em sua *physis* o fluir do tempo: entre os dois mundos, do céu e da terra, ele se movimenta num terceiro mundo – o mundo da dança de roda.

No fundo, esta roda não é para ser vista, assim como qualquer verdadeiro ato de um culto, embora observá-lo se transforme numa experiência meditativa. Por isso qualquer

Dança do dervixe na estrela de cinco pontas

tentativa de explicação da linguagem simbólica está condenada a perder seu conteúdo. Do ritual fica claro que o *Mukabele* é uma simbolização da ressurreição do homem.

O *Mukabele* é celebrado tradicionalmente toda sexta-feira, o dia sagrado dos dervixes. É também o dia de Vênus/Afrodite, deusa do amor. Seu símbolo, a estrela de cinco pontas, é aqui o signo do homem como imagem divina (dela). O tempo de rotação dos dervixes, como estrela de cinco pontas, num movimento em espiral, é anti-horário, não se refere ao tempo terrestre, limitado, mas sim ao tempo eterno de Deus. Cada peça de roupa tem também um significado: a capa preta é a sepultura, o vestido de dança branco é o sudário, o chapéu de feltro é a lápide sepulcral. O traçado estrutural de um mosteiro de dança (*tekke*) é um octógono. *

Faz-me lembrar um aforismo dos estóicos:

> "Muita coisa aprendes na vida,
> porém por toda uma vida prepara-te para morrer."

---

* N. E .: *Leitura para aprofundamento:* Os Sufis e a Oração em Movimento, *de Maria Gabriela Wosien, TRIOM Ed, São Paulo, 2002.*

Em um verso de *Divan,* Rumi expressa a saudade e o amor a Deus, na certeza máxima da ressurreição dos mortos:

Quando no dia da minha morte
meu caixão for levado para a cova,
não chorem nem lamentem,
não digam adeus,
pois que apenas me escondi
para rever o meu Deus.

Uma pessoa que busca, que quer ser iniciado nos segredos do *Mukabele* dos Dervixes Mevlevi, inicialmente não precisa perguntar o conteúdo das partes faladas e cantadas do ritual. Só o respeito pela forma já o conduz ao caminho da adoração de nexos internos, dos quais ele vai tomando consciência, intuitivamente, passo a passo.

Desta maneira, gradativamente, o conteúdo se transforma, para ele, numa experiência imediata. Esta é, porém, tão inesgotável quanto a própria causa primitiva do universo. O *Mukabele* obriga-o ao investimento máximo de sua capacidade de entrega. Este é o sacrifício que é exigido dele. Pelo sintonizar-se no ritmo da rotação dos astros, ele se eleva, dançando, a um plano de existência superior, onde a vida religiosa começa e as energias religiosas se tornam atuantes.

Durante as 'viagens' nas quais a bênção do xeque o acompanha, ele deve por si só encontrar a trilha para a causa primeira do universo e retomar a ligação até lá, que estava rompida: para consigo mesmo, o indivíduo dividido. Contudo, esta vivência básica, ele tem que aprender por si próprio.

É evidente que não é o conhecimento intelectual que se aspira. Este, precisamente, iria deturpar tudo, pois ele cria conceitos e segue um caminho limitado de conclusão em conclusão.

Heráclito disse uma vez: "Não podes descobrir os limites da alma, mesmo que percorras todos os caminhos, tão profundo é o seu logos".

Aqui é diferente: as viagens dos *Mukabele* acontecem em rotações incontáveis em volta do próprio eixo e, ao mesmo tempo, em volta de um centro de gravidade no espaço, assim como os planetas giram, em suas trajetórias, em torno da luz central. As mudanças de rumo na dança trazem em si os símbolos primevos da esfera e do *kyklos* e têm um caráter dinâmico. Embora estes sejam símbolos do tempo, apontam para o intangível pelo racional da atemporalidade e da eternidade.

Como uma águia, a alma levanta vôo e realiza suas viagens em espirais circulares. Estas viagens da alma encontram sua expressão corporal e simbólica no ritual da dança dos dervixes.

Numa vivência profunda, fica a critério de cada um elaborar a necessária visão do mundo. O homem tem Deus em si; quando o homem procura Deus, Deus está buscando a si mesmo. A vida religiosa não começa só por vontade do homem, mas porque já está presente nele o trabalho de Deus.

As quatro partes da dança de roda são interrompidas por intervalos curtos, nas quais os bailarinos, em grupos apertados, levemente encostados uns nos outros, se colocam no círculo periférico. Nestes intervalos o xeque pede a bênção para a próxima viagem. Durante a última parte, o líder da dança desloca-se para o lado. O xeque, porém, gira lentamente do seu trono no leste, para o centro do círculo (compare com os desenhos simbólicos dos bailarinos clássicos). Todos os bailarinos se distribuem agora igualmente pela superfície e giram, cada um no seu lugar. As saias brancas rodando, começam a baixar lentamente após um final fascinante, o xeque retoma o seu lugar a leste, a música silencia, a dança de roda termina.

As capas negras são agora colocadas novamente nos dervixes, com a ajuda do líder da roda. Os bailarinos ajoelham-se no chão numa reverência silenciosa. Uma oração de agradecimento do líder da roda e uma bênção proferida pelo xeque finalizam a meditação da dança de quase meia hora de duração.

Sobre o mausoléu mevlana em Konya há uma inscrição que diz: "Quem quer que sejas, – vem! Se és descrente, ou pagão, ou um adorador do fogo – vem! O nosso caminho não é o caminho do desespero. Mesmo que já tenhas quebrado mil vezes a tua jura de arrependimento – vem!" (Mevlâna)

VI. A Dança e a Arte

1. O ato criativo e o confronto artístico

Na história da humanidade eram intuitivos aqueles que, através de seu espírito profético, enxergavam as origens ocultas das ideias e das leis por trás do mundo dos fenômenos, revelando-as através de suas obras, ou seja, traduzindo-as para a nossa realidade.

Na arte aparece-nos a essência das coisas. Não é a visão do nosso mundo quotidiano que nos é revelada mas sim, uma outra verdade mais profunda.

Salto – solo

Por herança espiritual na arte, refiro-me à memória de outrora, ou seja, a lembrança proveniente do paraíso, da sabedoria subterraneamente conhecida e da verdade submersa. Plotino diz: "Nós homens refletimos as leis do cosmo". Em outras palavras: o homem *é* a imagem de Deus. Contudo, do ponto de vista histórico, a mudança domina no âmbito da verdade. À medida que novos conhecimentos forçam os homens a uma nova imagem do universo, uma nova concepção do universo, esta mudança encontra na arte sua expressão visível.

Há duas correntes internas que nos movem dia e noite: a corrente intelectual que nos leva e impulsiona de conhecimento em conhecimento. Esta simboliza aquele impulso diabólico da pesquisa e do conhecimento da própria natureza, e da solução dos quebra-cabeças que nosso ambiente nos propõe. Desta corrente fala Plotino. Da segunda corrente, a espiritual, que nos conduz à Mãe, a que nos lembra do que ficou para trás e do o mundo das imagens que surgem do oculto, Shakespeare nos mostra uma imagem em sua *Tempestade*, nas palavras do sábio Próspero:

"Somos feitos da mesma matéria que os sonhos. E a nossa pequena vida está tecida num sono profundo."

O ato criativo acontece na solidão, na área mais íntima da alma humana. Por isso ele sempre escapa à compreensão. Mesmo assim, se quisermos fazer desta vivência profunda o objeto de nossas considerações, então nos ocuparemos com o símbolo ou com o reflexo desta vivência, por um respeito necessário e uma humildade adequada para com este tema.

Isto agora não deve significar que apenas nos ocuparemos com o símbolo desta rara vivência, ou de seu signo, como de um objeto de segunda ordem. O fato de já falarmos de uma experiência profunda não é nada mais do que um símbolo.

Ninguém consegue a mágica de criar ou de forçar propositadamente um tipo de experiência tão essencial. No entanto, teríamos a possibilidade de, talvez, fazer entoar uma peça musical genial ou poderíamos, nesse momento, colocar à nossa frente uma bela pintura, de maneira que, em lugar da experiência do ato criativo, permitíssemos surgir um signo paralelo a esse acontecimento. Poderíamos sempre então dizer: aqui nós ouvimos ou vemos um testemunho vivo de uma vivência, que aconteceu de fato, e que continua acontecendo.

Pois um tal testemunho para a vivência profunda surgiu diretamente do ato criativo, tomando, a partir deste, uma forma rígida que nós compreendemos como obra de arte. A este resultado nós prestamos o devido respeito, justamente porque somos lembrados da origem pela própria obra. Por isso atua na alma daquele que escuta, ou que contempla, ainda que isto seja apenas um reflexo do próprio ato criativo.

Quanto mais verdadeira e profunda a vivência original, tanto mais intensa é a força de revelação da obra. Surge a questão sobre qual força oculta pode ser chamada, que possa munir o espírito criativo com aquele poder de busca que o capacite a realizar uma tal vivência do todo, a que nós chamamos de ato criativo.

Gostaria de transcrever aqui algumas das frases mais bonitas de Platão acerca deste assunto: "A espiritualização e a loucura das musas se apropria de uma alma delicada e, santamente cuidada, de forma excitante e incitante, e com cânticos festivos e outras atividades da arte poética, ornamentando milhares de feitos dos primeiros predecessores, constrói os sucessores.

"Quem se encontre nas antecâmaras da arte poética sem esta loucura das musas, crente, que poderia, pura e simplesmente através da arte, tornar-se um poeta, este é alguém não iniciado e também sua poesia do senso é obscurecida por aquela do louco."

"Esta loucura", assim continua a conversa de Sócrates com Phaidros sobre a essência da beleza, "os deuses concederam aos homens, para sua máxima felicidade. Devemos preferir para amigo aquele em êxtase, em lugar do sensato.

"É nesta loucura, que é despertada pela visão da beleza, que a alma ganha asas. Ela não é mais senhora de si mesma. Ansiosa, ela se apressa para lá, onde espera avistar aquele que possui a beleza. Ela se desprende de tudo e toma a maior dor como pequena, a fim de servir ao objeto do seu desejo e repousar junto a ele. A este estado, porém, dá-se o nome de amor ao belo."

Com estas palavras Platão toma a nossa mão e nos conduz com passos firmes àquele misterioso e brilhante âmago de toda a arte, ante o semblante da arte. Trata-se aqui, porém, da *beleza no seu significado mais abrangente e no seu sentido mais amplo.* É a beleza que irradia das doces madonas de Raphael, bem como das horrendas visões do inferno de

Hieronymus Bosch. É a mesma beleza, que se nos apresenta na forma da sede de sangue de um Ricardo III, nas visões loucas de Kaliban, num minueto de Mozart, bem como na rítmica marcada de Strawinsky. Porque todas estas obras de arte são sacrifícios ofertados no altar da beleza. Elas revelam, entre outras coisas, um amor acirrado pelo autêntico, pelo verdadeiro, a coragem para o incondicional, que revela o monstruoso e que torna o mais obscuro da vida em obra de arte, na radiante imagem da beleza.

Peter Tchaikowsky, uma vez, em uma carta a Nadescheda von Meck, proclamou: "se soubessem o quanto é difícil e ao mesmo tempo agradável, escrever sobre as coisas...", mas, no entanto, prestemos atenção ao que ele diz, entre outras coisas:

"Basta simplesmente seguir a voz interior e, quando com a primeira forma de vida (a vida usual), com seus tristes acasos, não sufocamos a segunda forma (a vida artística), então o trabalho flui com uma perfeita e incompreensível facilidade. Tudo mergulha no esquecimento, a alma treme numa excitação totalmente incompreensível e indizível e mal se pode seguir o seu precipitar-se no incerto. A noção de tempo desaparece. Há algo de sonâmbulo neste estado de alma. Descrever-lhes estes momentos é impossível. Aquilo que flui da pena nesse estado, ou simplesmente fica registrado na memória, é sempre bom, e quando nenhuma outra perturbação vinda do exterior nos chama para aquela outra vida de humano comum, então surge o máximo possível de ser atingido, o que o artista em questão é capaz de criar – ... a iluminação é uma convidada que só muito a contra gosto visita os preguiçosos... Posso dizer que tal poder já há muito se me tornou tão familiar que convivemos inseparavelmente e ele só me abandona quando se sente desnecessário, em função de circunstâncias opressoras da minha vida de humano comum. Por isso posso então dizer que eu, num estado de alma normal, componho sempre, em toda a parte e a qualquer instante do dia."

Por que é tão difícil escrever sobre estas coisas, como diz Tchaikowsky? Temos que retornar por um caminho iluminado a partir da luz da consciência e precisamente naquela direção, na qual ele se perde na penumbra, transpondo-se para as regiões sombrias do inconsciente. Aqui termina o diálogo entre os sentidos e as imagens reais do mundo que nos cerca.

A nossa realidade, o mundo como aparência, está porém ancorada na vontade do espírito. Tão logo esta vontade se altere, a nossa realidade mergulha no nada. Pois que esta vontade primeva do espírito, que criou a consciência individual a partir da totalidade da oniconsciência, e que separou o universo e o corpo com dimensões próprias e duração própria, tem que se transformar durante este caminho de regresso.

Quanto mais eu me aproximo da origem, tanto mais oculto é o objetivo. Para além dessa soleira do inconsciente, não existe mais qualquer diferenciação. Não existe mais espaço, nem tempo. Feita esta troca, então, encontramo-nos em nossa oni-solidão. É aqui, porém, que se encontra o lugar original do flagelo que o espírito criativo sente. Aqui se dá a 'espiritualização e a loucura das musas' e a vontade do espírito humano criativo é incitada a banir e a reter a imagem da psique, recém-visualizada, para obrigá-la a sair do colo do inconsciente e trazê-la à vida no universo do nosso consciente. À frente dos portões da realidade se posta a dor como guardiã. Da primeira dor surgem a angústia e o receio, reflexos instantâneos e a preocupação pela vida recém despertada, primeira preocupação com a defesa da forma. É uma vontade imensa, incompreensível, junto com medo, pura e simplesmente, pela existência, que se desprende no ato criativo a partir das forças do caos, do universo sem forma, e que penetra na pessoa que cria. Ela coloca a pessoa naquele estado do qual Platão diz, que dele é que surgem os maiores bens da humanidade. Em momentos de graça, em casos muito raros, também se compreende o infinito. Este último abalo, esta felicidade máxima, este contato com o infinito, que surpreende o ser humano quando sente à sua volta tudo transbordar de amor, oculta um perigo.

De vez em quando é possível à alma de uma pessoa que ama dar esse passo, mas as interrupções são um tormento!

Hölderlin vivenciou períodos de afastamento de Deus e lamentou-os em seu *Empedokles*, de profundo significado. A possibilidade do contato com o infinito é um atributo de todos os homens, embora para isso ele tenha que educar seus sentidos e seu coração para que se abra para o divino, para o infinito. Pois que "tudo está nas mãos de Deus – exceto o temor a Deus".

A alma eleita de Hölderlin passou por esta experiência máxima de realidade. Nele podemos acreditar quando nos descreve o encontro com o infinito com as seguintes palavras: "Eu vi uma vez, a única coisa que minha alma buscava, e a perfeição, que nós imaginamos

131

para além das estrelas, que nós afastamos até o fim do próprio tempo, essa, eu senti no presente. O máximo estava lá, nesse círculo da natureza humana e das coisas, estava lá."

Ele a encontrou, e, por sinal, no presente.

No entanto, é característico que o sentimento de liberdade pelo contato com o infinito, liberado no peito humano, desemboque, não numa arbitrariedade, mas sim, numa nova necessidade, e que se transforme em um dever, trespassado e alado pelo espirito. Esta ideia, criada pelo espírito e por ele levada ao extremo, não é, de forma alguma, apenas um conceito abstrato: ela encerra em si mesma toda a vivacidade e a plenitude de uma concepção clara. Ela oferece também a compreensão do necessário e do lugar comum. O universo das concepções e o universo dos conceitos formam, num plano superior, uma unidade.

Platão esboçou este processo através de muitas imagens poderosas no seu *Symposion* e no *Phaidros*. Na sua *Sétima Carta* encontra-se a seguinte frase sobre a experiência do infinito: "não se deixa compreender com palavras, mas sim através de movimento, durante um longo tempo, continuamente dedicado ao divino e, através de uma convivência adequada, de repente surge na alma como uma luz, acesa por uma centelha que salta, aproximando-se então por si mesma". Num desses tais momentos criativos o homem consegue uma visão magnífica da liberdade, uma sensação de liberdade que altera as bases da seu ser. Vimos, acima, o depoimento de Tchaikowsky.

Todos os aspectos do dia a dia se desvanecem, todas as deficiências parecem superadas. Pois antes, nós nos havíamos acorrentado à realidade que nos cerca pelo vínculo causal, a este mundo da ligação aos objetivos, da rotina e da pura utilidade. Nestes instantes elevados, contudo, todas as amarras se rompem e percebemos no nosso âmago mais profundo o encontro entre o nosso verdadeiro ser real e o mistério do eu. É a partir daí que o homem, na hora da graça, recebe a sua missão, que se apodera dele como uma necessidade irresistível de criar. É, entretanto, um querer que, por outro lado, está livre de qualquer obrigação. Através de todos os testemunhos pessoais de artistas sobre o processo criativo, manifesta-se uma seriedade profunda, que nos faz entender o alto grau da responsabilidade destes aos quais é dada a experiência criativa e que reconhecem a grandeza deste processo.

A imagem primeira de todos os processos criativos do espírito que cria numa solidão majestosa, nos é descrita no Gênesis. O que pode nos tocar mais do que as palavras divinas: "Faça-se a luz". O que pode revelar de forma mais abrangente o mistério do ato criativo do que esta afirmação?

E agora focalizemos sobre aquele que, balbuciante, procurava Deus em cores luminosas: Vincent van Gogh. Um homem simples com um coração ardente. Visualisemo-lo diante da sua tela quando escreve ao seu irmão: "como eu pinto, nem mesmo eu sei. Sento-me, com um quadro em branco, em frente ao borrão que me interessa, observo o que tenho ante meus olhos e digo para mim mesmo: do quadro em branco tem de surgir algo. Retorno insatisfeito. Eu deixo-o de lado e após ter descansado um pouco, recomeço a observar com uma certa angústia. Então eu ainda não estou satisfeito, porque a maravilhosa natureza ainda vive muito intensamente em meu espírito. Mas contudo – encontro no meu trabalho um eco daquilo que me prendeu. Eu sei que a natureza me contou algo, que ela me falou, e que eu estenografei isso. A minha estenografia talvez contenha palavras que não são decifráveis, erros e falhas, e, ainda assim, talvez contenha algo do que diziam a floresta, a praia ou as formas. E não numa linguagem mansa ou convencional, que não brotou da natureza."

Nestas linhas falam, ao mesmo tempo, a felicidade e a dor do gênio criativo. O ato criativo espontâneo está entretecido com as reflexões da discussão criativa. Assim como na prática da criação artística, ambas fluem geralmente uma na outra. Neste sentido, a divisão de nosso tema em dois se deu mais por motivos metodológicos. Porque, por mais rápido que as reflexões abranjam a ideia original espontânea durante o processo criativo proveniente do saber das coisas, de longas experiências de trabalho e de diversas lembranças, tanto mais claramente as duas fases se deixam, efetivamente, diferenciar. O ato criativo é uma experiência profunda da totalidade e, no fundo, permanece para nós como um grande mistério. Durante a segunda fase começa então a discussão criativa. A inspiração, a ideia, aflora à luz da consciência, cujas funções, conhecer, sentir e querer, são vivenciadas separadamente. O homem começa a fazer da sua obra de arte o objeto do seu pensamento lógico. Se antes estava inserido na totalidade da natureza e, como espírito criador, era testemunha em estado de êxtase, agora ele apresenta o produto do seu espírito como algo estranho ante o foro do seu raciocínio crítico. Quanto maior a maestria e a experiência, tanto mais incondicional e rigorosamente o conhecimento de mestre sobre as coisas faz valer a sua legitimidade em todas as operações espirituais.

A razão pela qual, finalmente, são tomadas as decisões concernentes à fixação definitiva ou às alterações a serem executadas na concretização da ideia, permanece aqui, ao fim de tudo, inexplicável e misteriosa.

Para concluir, desejo apresentar uma afirmação de Rilke acerca do alto grau de responsabilidade quanto à forma definitiva de uma obra de arte. São aqueles famosos pensamentos extraídos das inscrições de Malte Laurids Brigge.

"Porque versos, ao contrário do que as pessoas pensam, não são sentimentos (estes a gente tem suficientemente cedo) – são experiências. Por um verso há que se olhar muitas cidades, pessoas e coisas, há que se conhecer os animais, há que se sentir como os pássaros voam e saber o jeito como as pequenas flores se abrem de manhã. Há que se conseguir relembrar caminhos situados em regiões desconhecidas e encontros inesperados, e despedidas que sentimos que lentamente se aproximam. Relembrar dias da infância, que ainda nos são misteriosos, e relembrar os pais a quem tínhamos que magoar, quando nos proporcionavam uma alegria e não conseguíamos entendê-los (era uma alegria para um outro). Relembrar as doenças infantis que começavam tão estranhamente, com transformações tão grandes e profundas, e relembrar os dias comportados, passados em salas quietas, e as manhãs à beira mar, e relembrar o próprio mar, e mares, e noites de viagem, que se perdiam ruidosamente ao longe e que voavam com todas as estrelas e, quando se pode relembrar tudo isto, ainda não é suficiente.

"Deve-se ter lembranças de muitas noites de amor, das quais nenhuma era igual a outra, dos gritos de mulheres dando à luz e das mulheres, que já deram à luz, adormecidas, leves e brancas... Mas também é preciso ter estado junto aos moribundos, e ter sentado junto aos mortos, na sala com a janela aberta, e ter ouvido os ruídos intermitentes, e ter lembranças, mas também ainda não é suficiente. Há que se poder esquecê-las, quando são muitas, e se ter a grande paciência de esperar que voltem, pois as lembranças em si ainda não são versos. Somente quando elas se transformam em sangue, olhar e gesto, sem nome e sem distinção de nós mesmos, só então pode acontecer, que numa hora muito rara, surja a primeira palavra de um verso, no meio delas e brotando delas."

Nestas grandiosas palavras de Rilke manifesta-se uma compreensão essencial, ou seja, que em última análise, só um homem inteiro tem o poder de afirmar algo de válido.

A discussão artística não deve de forma alguma se restringir ao âmbito de sua própria matéria. Rilke diz que a pessoa criativa só pode amadurecer imerso no fluxo da vida. Ele exige, para ilustrar, somente servir um vinho purificado das alegrias e dos sofrimentos terrenos.

2. O bailarino e a crise da cultura[11]

A interpretação de que a vida é uma peregrinação perante Deus, foi-me transmitida pelo meu pai. "Mantém-te na busca de um caminho que conduza a ti mesmo, permanece aberto ao novo, acima de tudo analisa e não te deixes enganar, segue o fluxo do espírito que dá a vida e toma como guia o sermão da montanha."

A velha ética judaico-cristã determinou a estrutura da ética ocidental até a época moderna. A sua ineficiência hoje, é a consequência de uma catástrofe, na qual forças contrárias se tornaram atuantes, encarnada por qualquer forma de medo ante a incerteza.

Entre a aproximação descontrolada dos limites de crescimento e o aumento gradativo da destruição do mundo, desmoronou a certeza de um progresso histórico voltado para valores, que significou mais do que a cessação da esperança. O homem do nosso tempo encontra-se numa situação calamitosa, de só ter a contrapor à destruição consciente dos valores pelo mal em geral, uma ética que já perdeu a sua eficiência anímica.

A insegurança interna de cada um, que se reporta aos antigos valores da ética judaico-cristã, não sente mais, em seu interior, a sua ação, e vivencia quotidianamente a sua invalidade através da sua experiência, o que faz do indivíduo uma vítima fácil do mal através do mal. Não é a luta contra o mal – esta é a verdade amarga de nossa experiência – mas sim, no máximo, a luta contra a decadência pelo mal que movimenta o homem de hoje. Desde o irromper da escuridão em sua visão de mundo, o homem moderno tornou-se tão cético e inseguro quanto a seus valores, que não mais é capaz de se sentir como um guerreiro contra o mal e pelo bem. Na sequência de *Fausto* parece como se hoje somente pudesse ser redimido aquele cujos esforços ambiciosos não evitam nem mesmo o próprio

---

[11] *O trecho intermediário deste segmento contém pensamentos registrados após um encontro em Findhorn.*

perigo do caos e do declínio. A expressão da auto-afirmação do homem moderno revela-se na aceitação do negativo, assim como na aceitação da terra e da vida *deste* mundo.

A linguagem do bailarino está profundamente interligada com a linguagem da música. Ela está ligada com o momento atemporal, no qual o tempo se realiza. Nele o tempo nasce sem valores e sem finalidade. Ele possui seu espaço nele mesmo, é o seu próprio universo e conduz às profundezas, onde é exigido um perceber interior, um compreender e um abrir-se. Aprender a linguagem sem palavras da dança, significa um abrir-se, ser um aprendiz-que-busca atento pelo seguir os traços, pelo permanecer e pelo seguir.

...Treinar pacientemente e assim achar o caminho para as formas primevas do ser humano. Na percepção do silêncio, apoderar-se de sons e formas através da dança...

Na escuridão tudo é um. Nas trevas, no espírito antes da criação, na semente da alma perante a luz, somos todos um. Somos o esperar, somos eternamente onipresentes... Na escuridão tudo é um...

Lentamente, lentamente, lentamente tomamos forma. Este movimento acontece conosco. Os nossos seres movimentam-se lentamente em torno do criador. O que acontece de diferente a não ser mais luz? É a voz do criador, que antes não tinha voz. Lentamente começam as nossas almas, como sementes, a rejubilar-se. Música! Que inacreditável! Música depois do tormento escuro da espera. Música! Música seguida da luz. Uma luz proveniente do centro. Música do centro da escuridão. Luz do centro da semente: música que nos ama, luz, que somos nós!

Mais luz, e uma dança para o ser. Tornamo-nos nós mesmos, através da dança, unindo a luz com a luz, isto é tudo o que sabemos.

Dançamos em direção da luz – para perdê-la e reencontrá-la. Lentamente nos tornamos muitos, até que esquecemos que somos um, que somos criadores, até perdermos a nossa criação.

Escuridão – escuridão – escuridão. Não conseguimos nos lembrar o que é luz, até ecoar um som, um som solitário, introduzido por uma partícula e seguido por uma dança das sementes, que se aproximam lentamente e criam na escuridão. O criador está de volta.

Dança de cossacos

E os nossos seres esforçam-se por se lembrar de si mesmos. E nós nos movimentamos de novo segundo a música, que chama as nossas almas de volta para casa...

Liberto da pressão da realidade exterior, o próprio bailarino trabalha no sentido de um universo aprazível no qual liberdade e compromisso se contrabalançam. Na caminhada passo a passo em direção ao silêncio, ele supera a crise, desprendendo-se da agitação e da priorização de objetivos e, neste caminho, tem percepções e faz descobertas maravilhosas no próprio instrumento do corpo. Através de um treinamento muito paciente, ele se apropria dos sons e das formas, acha o caminho para as formas primevas do ser humano, conhece-se a si mesmo e, sobretudo, conhece a comunidade humana.

Duas coisas permanecerão, porém, para ele, como um eterno mistério, sempre incompreensível: o nascimento e a morte. Ele só pode compreender a vida aqui e agora. Sobre o nascimento e a morte, como um passado e um futuro decisivos mas extremamente longínquos, ele só sabe de ouvir dizer.

De fato, o homem visitado pelas musas se percebe em sua totalidade através do presente pessoal-criativo, que ele consegue, através do pensamento, transferir para o passado e para o futuro.

Nos exercícios diários ele constrói, dançando, a forma movimentada do invisível, e supera sua crise existencial através da experiência de uma transformação relativa ao ser e da elevação do seu eu divino.

3. Como se monta uma coreografia

O trabalho de um coreógrafo num teatro é essencialmente um trabalho autocriativo. Quando na programação semanal de um teatro de ópera são indicados sete espetáculos, pode-se partir do princípio que, em média, o coreógrafo também trabalhou em pelo menos dois terços deles.

O que está presente, em geral, como base de seu trabalho, é a música.

Uma coreografia já prescrita, na sua forma original, como por exemplo numa estréia de um balé, só existe em raríssimos casos. Na Alemanha raramente se fazem retomadas de velhas coreografias do repertório, na primeira elaboração da sequência de passos e ao desenrolar dos movimentos do coro de dança. Geralmente tanto o bailado quanto as danças complementares têm como base um cenário e uma descrição mais externa dos quadros da dança. Estes, juntamente com a música, são, geralmente, os únicos elementos e pontos de

Aula de balé

referência. A interpretação propriamente dita, tanto coreográfica quanto a expressa pela dança, fica única e exclusivamente a cargo do trabalho do coreógrafo.

É como se desenvolve uma encenação coreográfica?

Parto do princípio de que um compositor ou um editor me apresenta uma peça de música para balé que me agrada e estimula minha fantasia. Se o compositor não fornece quaisquer elementos literários e me deparo simplesmente com uma obra puramente musical, quem sabe, uma suíte para dança, é bastante possível que, paralelamente à música, tenha de compor igualmente uma sequência de danças que se sustentem por si próprias. A maior parte dos balés, contudo, é composta para um determinado tema, de forma que, durante o seu desenrolar, seja também relatado algo através da pantomina, dos gestos e da dança em si.

Neste caso os bailarinos solistas assumem papéis da mesma forma como acontece numa peça de teatro. Por isso diferenciamos na arte da dança uma divisão de papéis semelhante àquela das peças faladas.

Para realizar o plano da apresentação, como coreógrafo, eu aprendo primeiro toda a música de cor, de maneira que, sempre que eu queira, possa ouvi-la ressoar novamente em mim.

Ao mesmo tempo aprofundo-me no assunto e rememoro as diferentes partes. Logo que eu visualizo o decorrer das cenas das partes essenciais, procuro o cenarista e apresento-lhe a ideia da encenação. O cenarista vem logo a seguir ao compositor que, com a sua música, é o primeiro parceiro do coreógrafo. Agora trata-se de chegar a um comum acordo sobre os bastidores, que proporcionam um apoio fundamental ao desenvolvimento da dança, assim como uma interpretação, e que com ele colabora através dos cenários, dos figurinos e da iluminação, bem como através de todo o aparato de mudança de cena.

Seguem-se os estudos musicais mais pormenorizados da partitura e dos tempos, juntamente com o maestro e o correpetidor do balé. Depois preparo o plano de ensaios até a data da estréia do espetáculo e apresento ao diretor a minha proposta da distribuição de papéis. Enquanto isso, surgem os primeiros esboços do cenarista, que são detalhadamente discutidos, uma vez que cada roupa e até mesmo a escolha da cor, sim as cores das perucas, e do

139

efeito de luz imaginado são delineados. O chefe de decoração elabora uma proposta de orçamento, que é avaliada pelo intendente, juntamente com a diretoria administrativa. Porém, este processo só volta a ser importante para mim quando, no decorrer do trabalho que se segue, torna-se necessário executar mudanças que por sua vez afetam o orçamento.

No entretempo, o tema é trabalhado em mim de forma contínua e independente, sem mesmo que eu tenha de trazê-lo ao nível consciente. Mas, de repente, pode acontecer – e este momento acontece essencialmente sem a minha intervenção – que eu visualize as imagens do desenrolar de uma peça inteira de dança de forma tão viva que, a partir desse momento, ela fica indelevelmente gravada em mim. Entre outras coisas, vivencio tais momentos, por exemplo, em meio ao tráfego agitado da cidade, ou caminhando pelas ruas. Então tudo à minha volta desaparece e, mais tarde, eu só consigo, a muito custo, lembrar-me vagamente que eu continuei o meu passeio, inconscientemente, mas de forma correta, pelas ruas. Em contrapartida porém, as imagens movimentadas despertam de sua modorra e se me apresentam, de forma deslumbrante, como composições completas. A partir deste momento, usando a minha vontade, como num passe de mágica, eu sempre consigo trazer estas imagens de volta ante o meu olho espiritual. Elas parecem ter-se tornado uma posse minha.

Agora, é minha tarefa transmitir estas visões aos membros do corpo de balé. Aqui se dá sua fixação definitiva, nas sequências de passos que, num trabalho direto junto aos solistas e ao grupo de dança, caem ao solo como frutos maduros.

Trata-se agora de estimular e intensificar a capacidade imaginativa dos bailarinos, a fim de libertar seus movimentos dos mecanismos escolares e ajudá-los a unificar o seu mais profundo íntimo com os passos programados e os temas dos movimentos.

Se isto tem maior ou menor sucesso, é uma questão da habilidade de transferir para o outro a sua própria loucura. Muitas vezes os participantes trazem muitos elementos ao encenador. Por isso deve se saber muito bem a quais dos participantes a 'libertação' ajuda verdadeiramente e a quais o caminho oposto é o melhor, ou seja, o de trazer-lhe cada mínimo detalhe com a mais esmerada precisão. Um trabalho coreográfico envolve inúmeras posturas individuais, ou seja, sequências de movimentos. Certamente irão me perguntar se eu faço apontamentos de imediato. Algumas vezes, sim. Porém raramente na forma de anotações por escrito da dança. São mais descrições de situações e comentários referentes ao efeito teatral e decorativo. Durante esta fase do trabalho, gosto de interferir nos ensaios, a fim de conduzir os bailarinos, já desde os treinos, ao estilo de encenação pretendido. Uma tal encenação de uma dança acontece como se fosse um grande jogo de armar. Tão logo estejam prontas as cenas e as danças, a energia dos mestres de balé toma o comando do treinamento, ou seja, de trabalhá-las até que se atinja o máximo possível de precisão.

Um balé transcorre de acordo com a música, como se fosse a máquina de um relógio, ajustada até a sua menor peça. Ele tem que, a qualquer momento, poder ser repetido de modo exatamente preciso no que tange ao comprimento dos passos e aos tempos. Quando a encenação, em seus traços gerais, já foi dada na sala de balé, então começam os ensaios de palco acompanhados ao piano.

Paralelamente, a orquestra ensaia sozinha sob a regência do maestro. Os ensaios da orquestra conjuntamente com o balé constituem a etapa seguinte do trabalho e servem como esclarecimento para ambas as partes.

Entrementes, na sala de pintura, já foram pintados os cenários. A técnica de palco tem os seus primeiros ensaios de entradas e de sequências, a costura e a maquiagem já tocaram à frente o seu trabalho com o guarda roupa e as perucas. Mantenho contato permanente com todos os responsáveis por estas disciplinas, questionando e esclarecendo, de

Roda de dança

forma que os primeiros ensaios corridos, das decorações e das vestimentas mencionadas, já parecem um esboço do resultado final. De uma forma geral, estas disciplinas só se conjugam no palco quando do ensaio principal. Este é normalmente o ensaio durante o qual surge a maioria das dificuldades e representa um teste para se saber se a ideia e a realidade se complementam de forma harmoniosa. O ensaio principal é geralmente a crise. Aquilo que nele é superado com sucesso e resiste à avaliação crítica, mantém aproximadamente a sua forma definitiva. Um tal ensaio decorre muitas vezes de forma bastante tempestuosa e é, de longe, o ensaio mais prolongado e cansativo de todo o empreendimento.

Depois do ensaio principal, após o qual não é aconselhável fazer grandes alterações de estilo, segue-se o ensaio geral. Se tudo corre bem, este já revela o perfil do espetáculo. Mais uma vez todos os representantes recebem as últimas orientações. O desenrolar completo da obra é discutido uma última vez e eventuais falhas ainda são corrigidas.

Logo que a cortinada é aberta na première, o maestro, marcando o ritmo com a ponta da batuta, toma o comando do desenrolar deste sistema tão complexo, deste grandioso concerto de corpos rítmicos, o som da orquestra, dilúvios de luzes, de cores e de formas, sem se deixar desviar de sua trajetória até que se feche a cortina. Agora são o público e a imprensa que assumem a avaliação artística.

4. Do expressionismo à pintura abstrata

Os primeiros testemunhos de arte da pintura, desde o período pré-histórico até a idade média cristã, eram meramente de arte plana. Só com a renascença é que o homem começou a inserir o espaço na pintura, dando-lhe a noção de profundidade.

Contudo, com o início do expressionismo e, por fim, consequentemente executada, a pintura atual volta a assumir o seu verdadeiro caráter original como uma arte do plano. Os conhecimentos mais recentes da continuidade do tempo e do espaço encontram, aqui, o seu complemento.

Certamente, não faltam à arte contemporânea, desempenhos individuais importantes, nem impulsos estimulantes, nem vontades poderosas para que, como sempre aconteceu, ela se afirme contra as forças estranhas à arte e contra as forças contrárias à arte, de uma época cada vez mais tecnologizada, racionalizada e coletivizada, e poder-se-ia mesmo dizer, uma época cada vez menos sensual.

No entanto, a sua imagem, tomada como um todo, tem ainda um outro lado que é, de certa forma, opressiva, e até questionável. Esta arte está dividida nos confrontos gritantes das origens mais heterogêneas, assim como dos objetivos e conteúdos. Através de centenas de caminhos diferentes, ela parece estar começando a caminhar em direção a um destino ainda desconhecido. Assim como nós, durante uma crise da vida, nos deparamos com um tipo de transformação mundial, da mesma forma a arte é compreendida em uma comoção. Neste aspecto, qualquer consideração hoje que pretenda ser tomada a sério, também é uma consideração que vale para o tema arte.

Pois a arte não é um reino de sonho, desvinculado e atemporal, em que passeiam as fantasias singulares do artista plástico e no qual seus desejos livres podem dar seus frutos. Ela é, sobretudo, algo que mexe com o nervo da nossa vida. Ao mesmo tempo, porém, toda a arte é a criação de uma outra realidade, mais precisamente falando, uma criação-em-antecipação: a arte plástica é, na sua singularidade, uma visualização espiritual de todos os processos e mudanças que, subterraneamente, germinam no inconsciente do homem e do mundo. Resumindo, é uma nova realidade que se anuncia em toda verdadeira obra de arte, seja qual for o seu veículo. A realidade vai se modificando, progressivamente, de época em época. Se observarmos a nossa realidade atual tanto no nível político, quanto social, econômico, científico e artístico, então veremos que, a sua nova característica, é que ela se tornou dinâmica e, por isso, impalpável, e, em certo sentido, impossível de ser retratada. De todo modo, ela não é mais somente isso, o que é compreendido e abrigado no mundo do que é tangível aos sentidos e no reino dos nossos sentidos quotidianos.

Ainda tem algo mais a ser esclarecido. A arte plástica foi até agora, desde que existe – e ela ainda hoje o é em muitas áreas distantes – o confronto criativo com um objeto, ou seja, um confronto numa totalidade plenamente significativa. Isto acontece sob uma tensão entre este algo, que deve ser superado, e o artista, que o tem de superar. Somente esta tensão é que desde sempre liberou, conclamou e até mesmo intensificou, para além mesmo dela, as forças imagéticas do artista. Este confronto podia muito bem ser uma coisa visível, como também podia ser algo abstrato, pensado pelo homem, como por exemplo,

143

uma figura geométrica. Na arte, entre ambas, não existe uma fronteira absoluta.

Mas o que se configura como realmente inovador no ato de fazer arte hoje em dia não está, de forma alguma, no fato de que ele comece, programaticamente, a se liberar do objetivo, seja em que grau e de que maneira for. Está, antes, em se compreender o novo de forma mais ampla, na tentativa tensa e mesmo inevitável de compreender a realidade metamorfoseada de um abismo, de uma amplidão e de uma complexidade que nunca antes aí estiveram presentes.

Consiste, ao mesmo tempo, em integrar o ser transformado, ou seja, a dissolução de seu todo original, de sua unidade das forças, que somente tomam seu sentido completo na dinâmica e na função.

Seja como for, dominar e reunir tudo isso em uma criação, tornar tudo isso compreensível e evidente nesta criação e com isto reformular o próprio ser em uma nova imagem, isto culmina na moderna criação artística. Esta tentativa se move entre o espiritual-construtivo e o pulsional, do emocional, em todas as suas possíveis misturas e transições. Poder-se-ia dizer também, que essa tentativa se move entre a construção e a expressão, como as duas grandes tendências básicas, que são o problema fundamental em torno do qual gira a arte plástica do século XX e em cuja soleira se contrapõem as grandes testemunhas desta tensão indicando o caminho: Cézanne e van Gogh. O abandono da impressão visual acompanha a tentativa de forçar a realidade válida de nossos dias em uma nova composição. Este abandono provém do aclaramento da consciência do homem moderno, mais exatamente, da clareza da consciência.

Numa tal reflexão dupla, a confiança ingênua e natural em uma recepção sensorial das impressões do mundo é perdida e deste fato sem retorno é que ganha sua legitimação, o que nos confronta, em toda parte, com estas expressões artísticas ousadas, difíceis de serem decifradas, ou sensorialmente estranhas ou esgotadas.

A arte moderna não vivencia só uma mudança de estilo, mas também uma mudança do ser: o rompimento com a tradição imagética está se realizando; vendo por outro lado, a força de ligação desta tradição está desaparecendo. Trata-se de permanecer capaz de mudanças com o mutável. A excitante impressão de que a arte atual parece colocar a si pró-

144

pria em questão tem a ver com a sua ousadia de avançar em áreas ainda não tocadas, para além de, e mesmo em contradição com tudo o que já foi e o que se tornou.

5. O Trullo – A Moradia como Templo[12]

> "A hora da tua morte
> deve ser a hora de
> teu nascimento..."

Entardecera. Uma grande barreira de nuvens escuras elevava-se no oriente, e sobre ela o sol desenhava um arco-íris perfeito.

Por todo lado, sobre o pedrisco em frente à casa reluziam gotas que preenchiam o ar limpo com seu brilho. No horizonte ainda relampejava. O longínquo troar dos trovões amortecia-se com a noite que se estendia sobre tudo, caindo dos céus num silêncio festivo.

Atravessei a soleira da pequena porta cheio de expectativa. Meu olhar foi imediatamente preso e, à luz da vela flamejante, deslizou lentamente pelas paredes caiadas de branco que se erguiam para o alto, para uma abóbada que se estreitava: esta cobria o espaço quadrado como se fosse um sino. Lá, onde o cubo e a cúpula se tocavam, abriamse as duas linhas que se interceptavam, de modo que a sala ganhava, no seu centro, um centro de gravidade palpável.

Adentrei mais ainda na sala e fui-me sentar num pequeno banco de três pernas meio desiguais que estava no canto. Observando melhor, o teto abaulado assemelhava-se a um ovo, pelo que a verdadeira altura do ponto mais alto, pela perspectiva, parecia ainda maior.

Uma cúpula abaulada, cópia do céu, como espaço primevo, por cima de um cubo, símbolo do nosso universo. Olhei para fora pela porta aberta – os contornos movimentados do dia estavam envoltos na escuridão da noite, só o ouvido escutava ao longe o cantar dos grilos. Meu

---

[12] *Notas de uma viagem à Puglia no verão de 1981.*

Vista exterior das cúpulas ponteagudas dos trulli, *com os símbolos do cálice e da hóstia, Puglia, Itália
Foto de Willi Röttges, Trulli, Berna, 1969*

Pedra final no teto abaulado de um trullo
Foto de Willi Röttges, Trulli, Berna, 1969

olhar vagueou novamente pela sala. As paredes dos *trulli* são compostas de grandes pedras talhadas; também as telhas são de pedras achatadas, sobrepondo-se como escamas. No interior, as pequenas janelas baixas e quadradas transmitem uma sensação de aconchego, de intimidade; do lado de fora, a pequena fortaleza respira um ar de calmo isolamento.

Por cima da porta retangular curva-se um arco, que assinala o trajeto do sol do nascente ao poente. Neste meio, frequentemente se encontra um pequeno nicho, instalado como abrigo do santo padroeiro, que une o acima e o abaixo para os homens.

No silêncio à minha volta visualizei mais uma vez as paisagens da região de Puglia: planaltos suavemente curvados, os assentamentos irregulares dos *trulli* entre vinhedos e oliveiras. Sob a luz brilhante, essas habitações dão a impressão de serem tendas maciças de pedra de um acampamento de um grande grupo de peregrinos. As pontas dos telhados redondos desenham por cima das placas de pedra cinzenta, um cálice de pedra pintado de branco, sobre o qual assenta-se uma esfera branca. Ela repousa sobre a borda do cálice, com o auxílio de um pequeno pedestal, criando-se a impressão de que ela flutua sobre ele.

O muro no qual me encostei trespassou-me com o frio e os meus pensamentos regressaram ao aposento onde eu havia entrado. O quadrado e a cúpula como unificação simbólica do céu e da terra, tomando forma, segundo medidas humanas, em uma sala e ainda assim, sendo uma jóia sagrada através desta ligação dos mais antigos símbolos. Revelou-se então, ante o meu olho interno, que a busca pelo Graal e a sabedoria que o circunda haviam se unido aqui à compreensão a que os templários chegaram nas ruínas do templo de Salomão e do sepulcro de Cristo e como eles souberam integrar a sabedoria do oriente com a herança intelectual do norte.

Mediador para esta visão interior eram as linhas de ligação do cubo e da cúpula: onde estas se interligam, a fim de se reencontrar na pedra final da abóbada, surge a cruz diagonal ou a cruz de André. O centro do céu é, ao mesmo tempo, o centro do espaço terrestre e o centro de gravidade da construção. Estes eixos diagonais em cruz apontam pelo firmamento afora, para as trajetórias girantes das estrelas, para a dimensão de salvação humana do tempo.

Ícones ortodoxos indicam também para a dimensão da salvação das profundezas: as diagonais da cruz apontam, através do seu prolongamento, para o centro da terra.

Cristo está nesta cruz como a folha arrebentada da porta de Hades, como a estática cruz mortuária tombada no Gólgota, atraindo os ancestrais da humanidade, Adão e Eva, para a luz central, para a ressurreição do espaço e do tempo.

A hora da morte deve ser a hora do teu nascimento para a vida eterna. No microcosmo do *trullo* a sepultura é a sala, edificada para aquele que espera para entrar na morada eterna do macrocosmo.

De fora, por cima do eixo central invisível do espaço interno, do mesmo modo que seu prolongamento visível, na ponta do telhado do *trullo*, eleva-se, como lugar sagrado, o cálice, tendo a hóstia como símbolo do corpo de Cristo, símbolo também para a renovação da alma pela participação no sacrifício místico, como símbolo do Graal, assinalando o caminho da transformação.

Tendas petrificadas dos peregrinos ao sepulcro de Cristo, espalhadas numa região de onde, outrora, partiram os navios dos templários em direção à terra santa. Estes testemunhos de sabedoria arquitetônica magistral encontraram sua rica correspondência e a perfeição sublime na arquitetura das catedrais do norte da Europa.

Vozes ecoam nos meus ouvidos, transportadas por uma brisa que se levanta. Já se perderam de novo e eu estou só com a luz da vela já quase apagada. Lentamente o teto abaulado vai se abatendo sobre mim...

O *trullo* convida a colocar no meio do espaço uma mesa redonda a fim de que, assim, a terra sustente o céu, como diz a lenda do rei Artur... a quadratura do círculo... sustentado pelo desejo de comunidade humana, ligado através do espírito unificador entre o céu e a terra... dando a ele um espaço vivo.

Senti um frio úmido paralisar meus membros. A vela se apagara. De fora um fraco raio de luz chega até mim. Apalpando, cheguei à pequena porta pela qual saí para o pátio exterior. O vento havia parado e o ar era doce e fresco. Sobre mim curvava-se um céu claro e estrelado de uma profundidade infinita.

Troika, dança popular russa

Holci mlyn, o Moinho dos Rapazes: em Imagem Dança Popular Sérvia. *Editado pelo Secretariado da Junta Diretiva*

Folclore da dança – Estudos

Par de bailarinos

Criação de um esboço de dança
Foto: Hoannes Kilian, Stuttgart

Sobre o Autor

1908   Nasceu em Passenheim, Kreis Ortelsburg, Masuren (Prússia Oriental), filho do reverendo Louis Wosien e de Antoinette-Linda, Baronesa de Butler-Ponarth

1923   Membro do balé *Junge Bühne* (O Jovem Palco), sob a direção da mestra de balé Helga Sweedlund em Breslau, ensaiou com Oskar Schlemmer *Triadisches Ballet* (O Balé Triádico)

1930-33   Estudo de teologia evangélica, de história da arte, pintura e dança clássica na Universidade e Academia de Artes de Breslau e na Escola Superior de Artes de Berlim.
Seus professores foram: para pintura, Oskar Schlemmer, Eduard Muche e Oskar Moll para desenho, Paul Holz e Otto Mueller para dança artística, Valeria Kratina, Herbert Gargula, Aurel von Milloss

1933-34   Treinamento de balé com Tatjana, Victor Gsovsky e Lizzie Maudrik
Assistente de direção de Jürgen Fehling
Bailarino clássico no teatro de Ópera Municipal de Berlim sob a intendência de Fritz Ebert
Engajamento como bailarino solista no Teatro Municipal de Augsburg e Düsseldorf e no Palco Popular de Berlim

1934-35   Estudo de dança em Paris com as mestras bailarinas da escola russa Egorova e Nikita, nascida princesa Troubetzkaja; encontro com os bailarinos da Trupe Diaghilev

1936-44   Primeiro bailarino solista no Teatro Estadual Prussiano, em Berlim

1939	Casamento com Elfriede, baronesa de Ellrichshausen; tiveram três filhos
1940	Primeiro bailarino solista na estréia de *Juan von Zarissa* de Werner Egk
1941-43	Mestre bailarino e primeiro bailarino solista no Teatro Estadual na encenação de Fehling de *Preciosa* Professor de dança na Escola Estadual de Teatro sob Gustav Gründgens Coreografia da encenação de Gründgens de *Fausto I* e *Fausto II*. Suas parceiras desta época eram Friedel Romanowsky, Ilse Meudtner e Manon Ehrfur
1944	Mestre de balé e coreógrafo no Teatro Estadual de Sachsen, Dresden Primeiro bailarino solista na estréia do balé *Turandot* de Gottfried von Einem, na Ópera Estadual de Dresden Setembro – Convocação, como soldado, para a Dinamarca, depois prisioneiro de guerra dos aliados
1945	Turnês de dança para as forças de ocupação americanas
1946-48	Coreógrafo no Teatro Estadual de Württemberg, em Stuttgart Cooperação com Willi Baumeister (cenário) na coreografia para *Liebeszauber* (A Magia do Amor), de Falla, e *Feuervogel* (O Pássaro de Fogo), de Strawinsky
1948-49	Coreografia da estréia da *Antigone* (Antígona), de Carl Orff Coreografia da ópera *Orpheus und Eurydike* (Orfeu e Eurídice), de Gluck, com o balé da Ópera Estadual de Viena. Colaboração com Oscar Fritz Schuh (cenário) e Herbert von Karajan
1950-52	Coreógrafo, mestre de balé e primeiro bailarino solista no Teatro Estadual de Sachsen, em Dresden Coreografia da estréia alemã de *Aschenbrödel* (A Gata Borralheira), de Sergej Prokofieff, sua parceira foi Nora Vesco
1952-54	Contrato de pesquisa junto ao Grupo Estadual para a Arte Popular Sérvia, em Bautzen (*Statny ensamble serbskeje ludoweje Kultury*)

O Papel de "O que reza" no oratório Inori, *de Stockhausen*

Pesquisa de folclore e costumes populares: anotação, reconstrução, levantamento das formas, desenvolvimento das antigas rodas, problemas das novas criações nas peças e pantomimas dançantes – em 1962 recebe o Prêmio Estadual de Trabalho Folclórico pela pesquisa

1954-58   Coreógrafo dos Palcos Municipais de Nürnberg e Fürth

1959-63   Colaborador autônomo junto às emissoras (televisão) de Stuttgart, Baden-Baden e Munique

1962-75   Docente em pedagogia da dança na Escola Técnica Superior para Serviço Social e da Juventude da Cidade de Munique e na Escola Técnica para Terapia Ocupacional

Colaborador no Instituto Friedrich-Meinertz e na Clínica Heckscher em Munique, desenvolvimento de métodos terapêuticos em movimento e expressão, pesquisa empírica de métodos de pedagogia de cura com crianças com distúrbios comportamentais, danos cerebrais e com desajustes resultantes de seu meio social

1965-86   Nomeado Pedagogo da Dança na Universidade Phillips em Marburg/Lahn para pedagogia de escolas de excepcionais
Contrato parcial como coreógrafo nas televisões de Munique, Baden-Baden, Stuttgart, no Teatro da Residência e nas Peças de Câmara de Munique

1974   Solo pantomímico na estréia do oratório *Inori* de Karlheinz Stockhausen em Donaueschingen

1976   Encontro com Findhorn (Escócia) e início da expansão internacional da Sacred Dance (Dança Sagrada)

1985   Desempenhou o papel cinematográfico do velho mestre de balé em *Francesca* de Verena Rudolph (estréia em junho de 1987, no Festival Cinematográfico de Munique)

Paralelamente à sua carreira artística como bailarino, coreógrafo e pedagogo da dança, dedicou-se também à pintura e ao desenho – exposições no país e no exterior

1986   Morreu em 29 de abril, em Munique

*Um
bailarino
se despede*